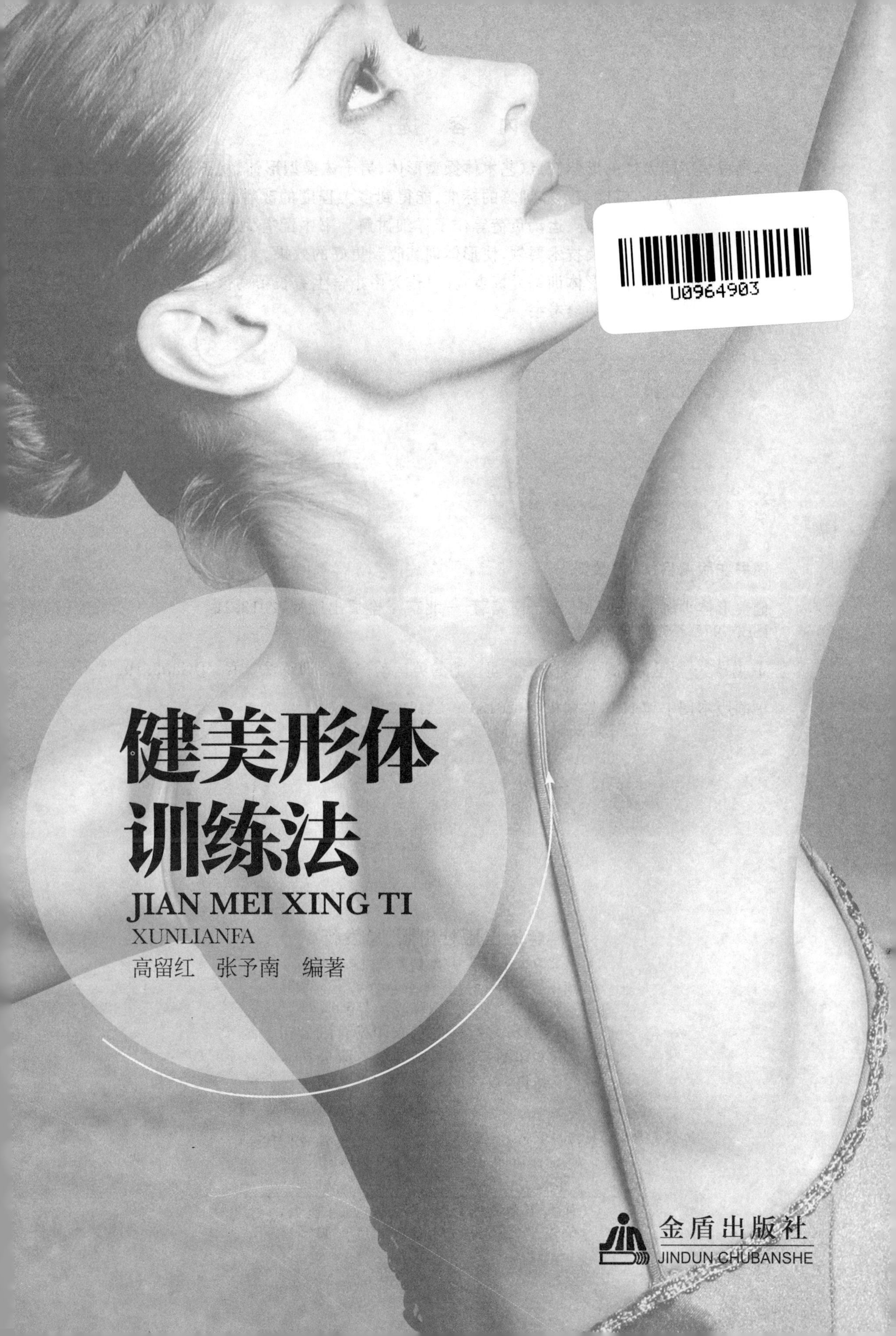

健美形体训练法

JIAN MEI XING TI
XUNLIANFA

高留红 张予南 编著

金盾出版社
JINDUN CHUBANSHE

内 容 提 要

本书根据不同人体的形体特点（艺术体操型形体、男子体操型形体、女子体操型形体、长跑型形体、短跑型形体），就健美形体训练的标准、能得到多大程度的改善、练习过程中应遵循哪些原则、应选择哪些练习内容、运动负荷等作了详细讲解。书中配有大量的图例，便于读者更好地掌握每一个练习动作及技术要领，使形体训练收到更好的效果。

本书适用对象为健美形体训练爱好者，亦可作为中小学生家长帮助孩子健美形体的用书，同时可作为体育教师教学的参考书。

图书在版编目(CIP)数据

健美形体训练法/高留红，张予南编著.—北京 ：金盾出版社，2013.12
ISBN 978-7-5082-8716-4

Ⅰ.①健… Ⅱ.①高…②张… Ⅲ.①健美运动—运动训练法 Ⅳ.①G883.19

中国版本图书馆 CIP 数据核字(2013)第 211123 号

金盾出版社出版、总发行
北京太平路 5 号（地铁万寿路站往南）
邮政编码：100036 电话：68214039 83219215
传真：68276683 网址：www.jdcbs.cn
封面印刷：北京盛世双龙印刷有限公司
正文印刷：双峰印刷装订有限公司
装订：双峰印刷装订有限公司
各地新华书店经销

开本：787×1092 1/16 印张：12.25 数字：306 千字
2013 年 12 月第 1 版第 1 次印刷
印数：1～6 000 册 定价：28.00 元

前言
PREFACE

每一个人都希望自己能够拥有匀称、健美的身材，美好身材的获得除先天遗传因素外，后天的锻炼非常重要。在进行健美形体训练过程中，每一个人都有一个追求的目标，如体形能得到多大程度的改善？练习过程中应遵循哪些原则？应选择哪些练习内容？练习的运动负荷多大合适？本书将为您一一解答。

本书依据现代奥运会各项目运动员选材和训练的先进理念，对健美形体的类型进行了分类（艺术体操型形体、男子体操型形体、女子体操型形体、短跑型形体、长跑型形体等），并确定了健美形体训练的目标。在内容的选择上以“健康第一”为核心，一切训练手段、方法、内容都以健康为出发点进行设计，突出实用性、先进性，根据大众可选择的器械（体育用品商店能够买到的体育器械或一般的训练场地设立的器械）进行练习内容的选择，将基础训练的方法和手段科学地应用到大众健身中，指导大众进行针对性的健美形体训练。本书具有以下特点。

第一，建立了形体训练的目标模型。以大众健身及改善形体为目标，将“专业”向“大众”转变，将科研成果与大众健身有效对接，使大众的健身得到专业层面的指导。

第二，根据运动生理学原理制定运动训练原则，防止锻炼中造成不必要的伤害。

第三，从众多的训练动作中，根据简单、易行的原则选择了适合大众健身的动作，将动作的技术要领、练习方法等通过图文结合的形式予以介绍，指导读者进行正确的锻炼。

第四，对人人都会的动作“跑”——短跑和长跑，从专业的角度就练习负荷量、负荷强度、练习方法及注意事项等多方面作了阐述，突出实用、实效。

第五，对运动中补水及运动后的合理膳食作了简要介绍，使读者获得理想的锻炼效果。

在本书的编写过程中，北京体育大学李松波博士提供了营养学方面最新的研究成果和相关资料，艺术体操动作插图由北京体育大学张平副教授绘制，北京体育大学2012级硕士研究生高丹、郭俊国为图序的排列和校对给予了许多帮助，在此表示衷心的感谢。

编　者

目录 CONTENTS

Chapter 1 第一章 健美形体训练概述

Chapter 2

第二章 艺术体操型形体训练法

Chapter 3 第三章　体操型形体训练法

Chapter 4 第四章　短跑型形体训练法

Chapter 1 第一章 健美形体训练概述

第一节 健美形体训练常识

健美形体训练，是指在自身体形的基础上设计专门的动作，进行科学锻炼，达到符合自身特点类型的健美形体目的的实践活动。形体改变的原理是在遗传的基础上，通过不同的练习方法和手段使人体的骨骼肌产生选择性肥大，从外表展现出健康形体。

运动训练会对肌纤维产生较大影响。通过不同的训练方法，改变、刺激人体肌肉的运动负荷、运动强度，适当改变肌肉的肥厚程度。长时间、小强度的耐力训练可引起慢肌纤维选择性肥大，同时消耗肌肉内多余的脂肪，展现出长跑运动员的形体；而短时间、大强度的爆发力练习可引起快肌纤维选择性肥大，表现出大块肌肉的体积增大，展现出短跑运动员或举重运动员的形体。

长时间使自己的身体处于某种姿态，可使肌纤维的走向改变，骨骼发生变形，例如，上学期间，长期习惯性地将书包挎于同一肩上，就有可能形成一肩高、一肩低的形体。又如，长期习惯性地低头含胸，易造成驼背的形体。只有长期保持良好的姿势，才能使形体朝着好的方向发展，例如，长时间坚持艺术体操训练，腿部肌肉可向上发展，展现出优美的腿部线条。

本书以各项目专项选材和训练所造就的不同形体的运动员为依据，建立不同类型的健美形体训练模型，为练习者提供一个明确的健美形体训练目标。如通过艺术体操型专项形体训练的内容、方法和手段的运用，可培养练习者优雅的气质和优美的腿部线条；通过体操型专项形体训练的内容、方法和手段的运用，可增大练习者胸部围度、上肢围度，呈现出倒三角的形体，培养其高贵的气质及力与美的形体；通过短跑型专项形体训练的内容、方法和手段的运用，可增大练习者的肺活量，造就发达的大腿、小腿肌群及纤细有力的脚腕，培养其自信的气质和匀称的形体；通过长跑型专项形体训练的内容、方法和手段的运用，可培养练习者温和的气质和苗条、匀称的形体。

一、人体体表性状的各项指标

从事健美形体训练的目标是要达到符合自身特点类型的健美形体。自身特点类型包括身高与四肢的比例，身高与胸围、臀围的比例，身高与体重的比例等，这些包含了先天遗传和后天训练两个方面。遗传学将人体的身高、坐高、臂长、腿长、肩宽、胸围、臀围、体重、去脂体重、胸廓性状称为人的体表性状。

遗传因素对体表性状的各项指标的影响大小各异，男女之间有明显差异。对各项指标的解释及测量方法如下。

（1）标准姿势

标准姿势是，身体直立，两眼平视，两脚并拢，足尖向前，两臂垂于躯干两侧，手掌相对，身高、坐高、肩宽、胸围、腰围、大腿围等的测量点以标准姿势为基础确定。

（2）身高

身高（从人体站立面到头顶的垂直距离）是反映人体纵向发育的指标。测量方法是，以立正姿势靠墙或站在身高坐高计的底板上，两臂自然垂下，足跟并拢，足尖分成60度，足跟、骶骨部、两肩胛间与墙壁或立柱保持接触。躯干自然挺直，头部正直，但不靠墙或柱，两眼平视前方。

（3）坐高

躯干是贮藏内脏的地方，通过坐高这一指标可间接了解内脏器官的发育状况。测试方法是，受试者坐好后，骶骨和两肩胛骨紧靠墙或立柱，躯干自然挺直，头部正直，两眼平视前方，两腿并拢，大腿与地面平行并与小腿呈直角，双足稳踏地面，两臂自然下垂。

（4）上肢长

上肢长度受遗传、运动及劳动等因素影响较大。测量方法是，受试者两脚分开，与肩同宽，自然站立，两肩放松，五指并拢伸直，测量肩峰点至指尖点的距离。

（5）大转子高

下肢长受后天影响较大，下肢的长短对于人的体型是一个很重要的指标。测量方法是，两腿并拢，自然站立，从脚跟到大腿大转子处便是大转子高（亦称下肢的长度）。由于股骨最高点大转子是不容易摸到，没有足够的经验，定点困难，难以测量准确。关于下肢长的测量方法有很多，多是找出一个比较接近的近似点来测量，最简单的方法是用身高减去坐高。

（6）小腿长

小腿长或小腿长+足高，是反映体形特点的一个重要指标，尤其在艺术体操、跳跃等项目的运动员选材中，小腿的长短有着十分重要的形态学意义。测量方法是，受试者站立，重心落在左脚上，抬起右脚，屈膝，将脚踩在凳子上，全脚掌贴于凳面，小腿与凳面垂直。测试人员面对受试者，游标杆尺与小腿胫骨纵轴平行，钢尺的固定齿端触凳面，移动游标，使其对准胫骨点，测量胫骨点至内踝点（小腿长）或胫骨点至凳面的距离。

（7）肩宽

肩宽是反映人体体形特点和横向发育的重要指标。测量方法是，受试者两脚分开，与肩同宽，自然站立，两肩放松。测试人员站在受试者背面，先用两食指沿肩胛骨向外摸到肩峰外侧缘中点，即肩峰点，然后测量左右直线距离。

（8）骨盆宽

骨盆宽是表现人体体形特点的重要指标。测量方法是，受试者站立，测试者先用食指摸到受试者两髂嵴外缘最宽处的髂嵴点，测量左右直线距离。

（9）胸围

胸廓里有心脏、肺等重要器官，它是人体宽度和厚度最有代表性的测量点。测量方法是，受试者自然站立，两脚分开，与肩同宽，双肩放松，两臂自然下垂，测试人员面对受试者，将带尺的上缘经背部肩胛下角下缘至胸前绕一周。

（10）上臂围

上臂围是反映肌肉体积、肌肉横断面积和收缩能力的指标。测量方法是，受试者自然站立，两脚分开，与肩同宽，双肩放松，两臂自然下垂。测量上臂紧张围时，受试者右臂斜平举，紧握拳，用力屈肘，使上臂与前臂夹角小于90度，测试者将带尺放在肱二头肌突起部位，绕最粗处一周，然后上臂不动，前臂伸直，手指放松，再测上臂放松围。

（11）大腿围

大腿围是四肢中皮下脂肪最易储存的部位。测量方法是，受试者两脚自然分开，与肩同宽，平均支撑体重。测试者站在受试者侧面，将带尺环绕大腿根部一周，后面将带尺上缘放在臀纹处，前面放在与后面同高处。

（12）体重

体重是反映人体横向发育的指标。测量方法是，用市面上能够买到的电子秤直接测量即可。

（13）瘦体重

瘦体重是反映体脂成分的指标，它包括水分（约占总体重的70%~72%）、矿物质（约占总体重的2%~5%）和有机物。通过测量瘦体重含量，可为有效控制体重提供客观依据。目前市场上有专门测量体重和瘦体重的体重秤，可借助这种秤了解自己的瘦体重。

二、遗传基因对人体的影响

身体的发育水平在很大程上受遗传因素的影响，男性身高的遗传率达到75%，女性身高的遗传率高达92%；男性的坐高遗传率达85%。体重受遗传因素影响较小，但遗传基因对一个人肥胖度的影响比其他任何因素都要大。

（1）调定点

调定点，是指体重和体脂在成年阶段保持相对稳定的比例，是成年阶段习惯了的体重和脂肪的大约比例。身体脂肪由位于下丘脑的体重调节机制来调控，这一机制会“选择”它认为机体需要的理想的体脂量，然后维持这一水平，这一过程称为体重调节机制。

（2）体重调节机制

调节机制通过两种关键途径控制体重。首先，体重调节机制负责增进或抑制食欲来维持调定点重量，当体重降低时，它发出饥饿信号；体重增加时，它又抑制食物。其次，调节机制能引发身体系统在吃得过多时消耗多余的能量，在吃得不够时“保留”能量。

（3）遗传对调定点的影响

一个人的调定点在出生之前就形成了。一些人对遗传的调定点很满意，一些人却为此奋斗终身。有些人不挑食，想吃什么就吃什么，体脂含量仍然能维持在较低水平；而另一些人长期在做减重锻炼，在停止节食和不正确的训练过程中，体脂含量始终处于波动中，造成体脂中不良遗传的加剧。

（4）遗传因素不可改变

遗传基因是不可改变的，但可以控制。因此，一个人可通过每天日常的生活方式从根本上调节调定点。对练习者而言，重要的是保持良好的心态，享受锻炼并合理进食，适当的饮食和训练使肌肉组织增加，加速身体脂肪的燃烧，保持较高的代谢率，使身体以较少的工作和较短的时间燃烧更多的热量，达到并维持其健身目标。

（5）以失去身体热量平衡的方式减体重会对身体造成伤害

当身体摄入的热量减少到与身体所需热量失衡时，会使肌肉和脂肪含量同时下降，进而造成体重迅速下降。通过减少热量摄入使体重下降是一种不符合机体正常需要的方法，因为肌肉组织需要消耗脂肪以进行必要的生理活动，当肌肉组织机能受到热量不足的影响时，不能使体重下降，这就是为什么许多人在减重后又反弹或增加的原因。

（6）减少体脂是降体重的有效方法

降体重时，要保持或增加肌肉，因为肌肉具有燃烧脂肪的能力。通过适当训练使肌纤维选择性肥大，当肌纤维选择性肥大后能燃烧更多的脂肪，从而获得理想的体形。

（7）监测体重的方法

要想使体重保持在一定的范围之内，每天早晚监测体重的变化至关重要。人一天的体重应在1千克范围内波动，通常是早晨起床后体重最轻，晚上睡觉前的体重最重。体重的控制与饮食关系最大，因此，当体重超过了波动范围，就应该在饮食上做适当的调整，这时进行体重减少或增加的调整，对身体是适宜的。

第二节 形体类型

本书根据我国《优秀运动员科学选材的研究》中得出的优秀运动员形态指标，建立形体类型模型，这一模型可为读者提供参考。

一、艺术体操型形体

优秀的艺术体操运动员的形体呈现出身材较高、四肢长、身体维度较小、肩稍宽、髋较窄的外部形态特征。其形态指数见表1—2。

表1—2 艺术体操型形体

优秀运动员的平均值和标准差	说明
坐高/身高×100=51.61±1.13	小于这一指数：腿长，接近艺术体操形体。
（身高−坐高）/坐高×100=93.84±4.27	小于这一指数：腿长，接近艺术体操形体。
跟腱长/小腿长×100=67.43±3.43	大于这一指数：跟腱长，接近艺术体操形体。
大腿长/小腿长×100=95.28±6.18	小于这一指数：小腿长，接近艺术体操形体。
肩宽/身高×100=22.46±0.69	越接近这一指数，越接近艺术体操形体。
骨盆宽/肩宽×100=70.43±5.82	越接近这一指数，越接近艺术体操形体。

二、男子体操型形体

优秀男子体操运动员的形体呈现出四肢匀称，上肢、胸部维度较大，肩较宽，髋较窄的外部形态特征。其形态指数见表1—3。

表1—3 男子体操型形体模型

优秀运动员的平均值和标准差	说明
体重/身高^3×10^7=131.66±9.17	越接近这一指数，越接近男子体操型形体。
胸围/身高×10=54.67±2.77	越接近这一指数，越接近男子体操型形体。
（上臂紧张围—上臂放松围）/上臂放松围×100=10.71±3.45	越接近这一指数，越接近男子体操型形体。
肩宽/身高×100=25.26±1.87	越接近这一指数，越接近男子体操型形体。
骨盆宽/肩宽×100=64.20±5.88	越接近这一指数，越接近男子体操型形体。
上肢长/身高×100=44.36±1.16	大于这一指数：上肢长，接近男子体操型形体。
大转子高/身高×100=48.41±2.21	大于这一指数：下肢长，接近男子体操型形体。
瘦体重=48.30±5.38	越接近这一指数，越接近男子体操型形体。

三、女子体操型形体

优秀女子体操运动员形体呈现出身材较矮、四肢匀称、胸廓较厚、肩稍宽、髋较窄的外部形态特征。其形态指数见表1—4。

表1—4 女子体操型形体

优秀运动员的平均值和标准差	说明
体重/身高^3×10^7=123.25±8.28	越接近这一指数，越接近女子体操型形体。
坐高/身高×100=52.99±1.16	小于这一指数：腿长，接近女子体操型形体。
胸围/身高×100=51.15±2.19	越接近这一指数，越接近女子体操型形体。
肩宽/身高×100=23.88±1.08	越接近这一指数，越接近女子体操型形体。
骨盆宽/身高×100=15.63±0.90	越接近这一指数，越接近女子体操型形体。
骨盆宽/肩宽×100=65.51±3.29	越接近这一指数，越接近女子体操型形体。
上肢长/身高×100=43.57±0.69	大于这一指数：上肢长，接近女子体操型形体。
大转子高/身高×100=50.74±1.30	大于这一指数：腿长，接近女子体操型形体。

四、短跑型形体

优秀短跑运动员呈现出四肢发达、小腿长、身体匀称的形态特征，而100、200米和400米短跑型形体的具体指数又呈现出不同的形态指数，见表1—5、表1—6。

表1—5　100米、200米短跑型形体

男子优秀运动员的平均值和标准差	女子优秀运动员的平均值和标准差	说明
体重/身高×100=368.68±26.33	体重/身高×100=326.36±26.16	越接近这些指数，越接近短跑型形体。
大转子高/身高×100=51.79±1.03	大转子高/身高×100=52.00±0.97	
胸围/身高×100=51.40±2.07	胸围/身高×100=50.11±1.82	
肩宽/身高×100=22.31±0.81	肩宽/身高×100=21.76±0.75	
骨盆宽/肩宽×100=15.59±0.68	骨盆宽/肩宽×100=16.08±0.67	
大腿围/身高×100=31.00±1.55	大腿围/身高×100=32.43±1.47	

表1—6　400米短跑型形体

男子优秀运动员的平均值和标准差	女子优秀运动员的平均值和标准差	说明
体重/身高×100=369.07±25.16	体重/身高×100=324.15±18.58	越接近这些指数，越接近短跑型形体。
大转子高/身高×100=52.30±0.89	大转子高/身高×100=52.38±1.19	
胸围/身高×100=50.28±2.20	胸围/身高×100=49.77±2.03	
肩宽/身高×100=22.02±0.82	肩宽/身高×100=21.57±0.75	
骨盆宽/肩宽×100=15.54±0.67	骨盆宽/肩宽×100=16.01±0.62	
大腿围/身高×100=29.84±1.41	大腿围/身高×100=31.29±1.35	

五、长跑型形体

优秀长跑运动员的形体呈现出瘦体重多、脂肪少、身体匀称、四肢长的形体特征，具体指数见表1—7。

表1—7　长跑型形体

男子优秀运动员的平均值和标准差	女子优秀运动员的平均值和标准差	说明
体重/身高×100=354.90±20.37	体重/身高×100=304.36±20.47	越接近这些指数，越接近长跑型形体。
大转子高/身高×100=51.59±0.93	大转子高/身高×100=52.19±1.10	
胸围/身高×100=51.27±1.74	胸围/身高×100=49.14±1.77	
肩宽/身高×100=22.27±0.74	肩宽/身高×100=21.57±0.83	
骨盆宽/肩宽×100=15.64±0.59	骨盆宽/肩宽×100=15.98±0.71	
大腿围/身高×100=29.29±1.38	大腿围/身高×100=30.20±1.35	

第三节 健美形体训练的原则

训练原则是指在进行健美形体训练过程中必须遵循的做法。

一、适宜自身节奏原则

适宜自身节奏原则是根据练习者的年龄、性别、身体素质和健康状况等来确定练习的内容、方法、手段及其运动量的安排。基本要求如下。

（一）进行自我身体检查和机能评价

（1）准备工作

进行健美形体训练前要做的工作是，测量身体的高度、围度和体重（测量方法见人体测量法），然后将测量后的数据记录下来，注明开始练习的日期，以后每年定期测量3～4次，并将各次的记录加以比较。

（2）训练前身体检查与评价

身体自我感觉是否良好，体重是否稳定，睡眠是否深沉，食欲是否良好。此外，还需观察肌肉的状况是否良好。

（3）运动时自我身体检查

在运动量正常的情况下，呼吸应当快，但始终保持深而有节奏的呼吸。只有当运动量过大的情况下，呼吸才会急促，以致感到困难。

（4）练习过程中休息时间的控制

机体在紧张活动后，脉搏会加快，如运动量正常，休息5分钟～7分钟后，脉搏跳动次数应接近于做练习前的次数。例如，练习开始前脉搏跳动每分钟为60次～72次，练习后经过5分钟～7分钟的休息，脉搏跳动每分钟应为75次～80次。

（5）训练后自我身体检查的基本方法

身体感觉舒适，力量有所积蓄，肌肉组织有所增长，睡眠、食欲良好，情绪饱满，学习、工作效率提高。这是经常进行健美形体训练，身体良好的标志。

特别指出的是，运动后出现肌肉酸痛属正常现象，不经常参加锻炼的人，初次练习后会出现这样的情况。肌肉酸痛是肌肉得到锻炼，力量增强的反应，这种酸痛通常经过

2~4天可消除。

训练中如出现易怒、失眠、食欲不振、呼吸困难、脉搏跳动加剧、胸部发闷等，是机体失调的不良反应。此时，应降低运动量或停止练习，必要时到医院进行身体检查。

（二）制定计划

首先将一年定为一个大周期，春夏秋冬四季定为四个中周期，每一个星期定为一个小周期，每个周期制定不同的目标。

（1）大周期计划的制定

大周期以制定目标为主，包括体重目标、柔韧目标、力量目标等。

（2）中周期计划的制定

在大周期目标的引导下，制定阶段性的目标和训练内容，主要包括阶段性目标，训练项目与动作、运动负荷大、中、小的节奏等。

（3）小周期计划的制定

通常由每次课的教案组成，包括课的任务、练习内容、时间分配、练习方法、运动负荷等。练习者根据每一个小周期的最后一次身体状况进行训练负荷的调整，以获得下一个小周期的训练效果。

二、遵循人体运动机能变化规律的原则

遵循人体运动机能变化规律原则，是根据人体运动机能的变化规律，对一堂形体训练课的全过程进行合理安排。这一过程包括准备活动、进入工作状态、稳定状态、运动性疲劳、整理活动（放松练习）。基本要求如下。

（一）认真做好准备活动

做准备活动的好处是，克服内脏器官的生理惰性，增强氧运输系统的活动，使肺通气量、吸氧量和心输出量增加，提高机体的代谢水平，使体温升高，从而降低肌肉的粘滞性，增强弹性，预防运动损伤。

（二）动作技能的形成是一个渐进的过程

进入工作状态和稳定状态是形体训练中技术练习的过程，在这一过程中对技术进行训练——纠正——再训练——再纠正，直至达到标准。

（三）认真做好整理活动

运动时，骨骼肌强力持续收缩，使代谢产物堆积，肌肉硬度增强，产生持续性酸痛。

运动后做整理运动可使肌肉快速得到放松，起到事半功倍的效果。整理运动的内容有两种：主动放松和被动放松。主动放松的内容主要包括深呼吸和各种肢体的屈伸练习，如上臂屈（图1—1）、上臂伸（图1—2）、手腕屈（图1—3）、手腕伸（图1—4）、大腿屈（图1—5）、大腿伸（图1—6）、足伸（图1—7）、小腿屈（图1—8）、躯干屈（图1—9）、躯干伸（图1—10）等动作。被动放松的内容有互相按摩、热水浴等。

图1—1/上臂屈

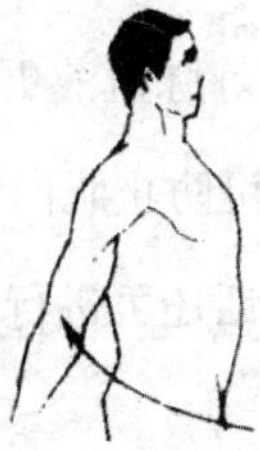
图1—2/上臂伸

图1—3/手腕屈

图1—4/手腕伸

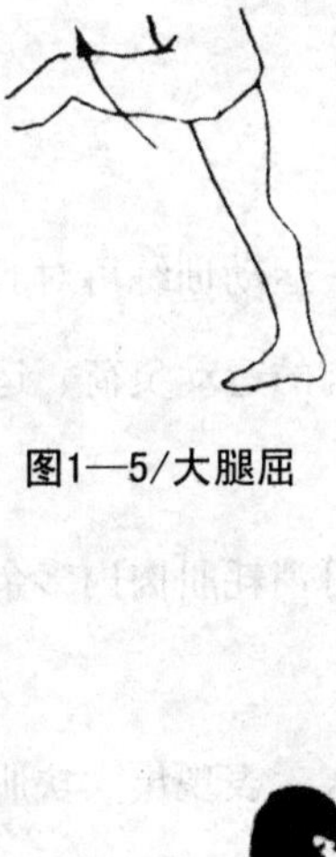
图1—5/大腿屈

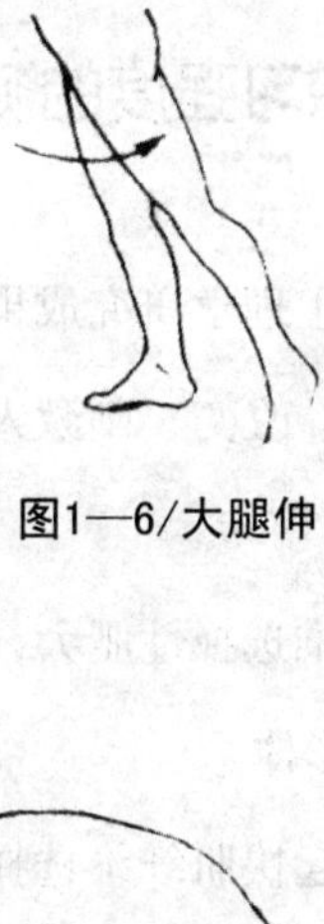
图1—6/大腿伸

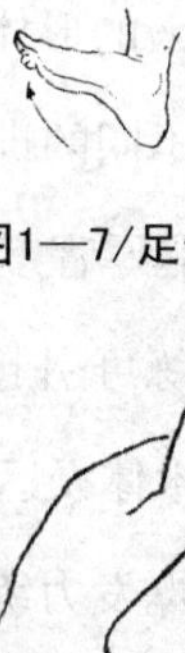
图1—7/足伸

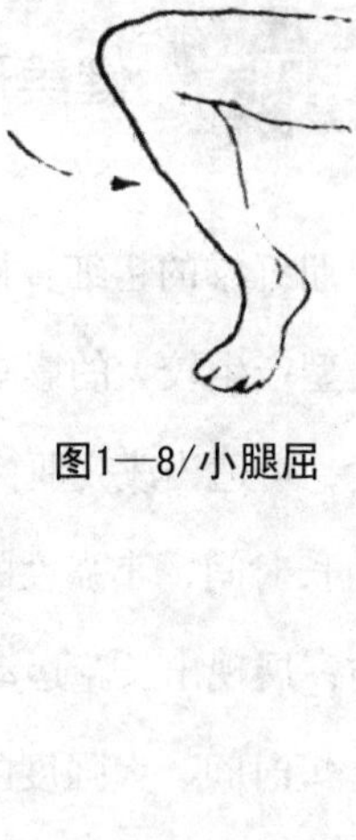
图1—8/小腿屈

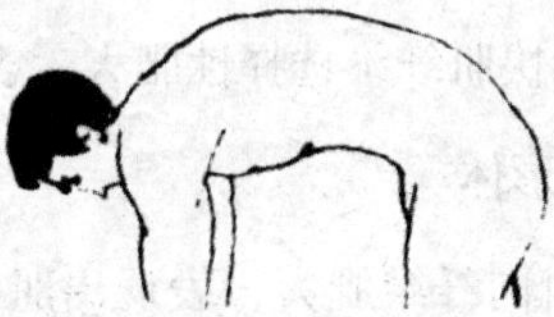
图1—9/躯干屈

图1—10/躯干伸

三、恢复原则

恢复原则是练习者根据超量恢复原理（运动时消耗的能源物质及各器官系统机能状态，在一段时间内不仅恢复到原来水平，甚至超过原来水平）经过不同负荷的运动训练后，调整下一节课的运动负荷和使用专门的恢复手段使机体得到恢复，确保获得理想的训练效果（是一种在训练课后恢复期中所产生的身体机能与消耗物质的超量补偿现象）。

长期进行强度过大而恢复不足的练习，会导致身体机能受到严重损伤，如练习者对练习的刺激耐受性越来越低，训练课开始阶段就进入疲劳状态，不但不能实现超量恢复，而且会造成过渡疲劳，产生疾病。为此，提出以下基本要求。

（1）在每个小周期最后一次训练中，根据情况调整负荷，以便消除前面训练课尚未完全消除的疲劳，避免将疲劳带到下一小周期。

（2）大负荷训练后，注意安排小负荷或中负荷训练，用大、中、小负荷的交替训练。

（3）课后坚持做好放松练习。放松练习可使静脉血液更快回流心脏，使心脏功能较快恢复到正常状态，更快恢复体力，放松练习还可防止肌肉僵硬。

（4）每次课后应做一个热水浴，条件允许的话还可进行专门的全身或局部按摩。

第四节　健美形体训练的方法及练习强度的测定

肌纤维的粗细直接影响到人的形体，现代生理学研究成果表明，运动训练可对肌纤维类型产生较大的影响，通过不同的训练方法，改变、刺激人体肌肉的运动负荷、运动强度，可适当改变肌肉面积的肥厚程度。

长时间、小强度的耐力训练可引起慢肌纤维选择性肥大，同时可消耗肌肉内多余的脂肪，展现出长跑运动员或艺术体操运动员的形体。

短时间、大强度的速度和爆发力练习可引起快肌纤维选择性肥大，表现出大块肌肉的体积增大，展现出短跑运动员或举重运动员的形体。

强调肌肉精准用力的练习，可引起某部分肌肉纤维肥大，表现出肌肉线条的走向，展现出艺术体操运动员腿部肌肉线条的向上发展。

一、健美形体训练的方法

（一）技术训练法

技术训练法，是指低负荷量，重复次数较多，间断地进行技术动作精细的训练方法，主要目的是发展肌肉用力的协调性和控制肌肉的能力。这一方法主要用于艺术体操动作、体操动作的单动作的重复训练。练习者在进行重复练习时应明动作标准，只有正确理解动作标准才能达到预期的训练目标。每次训练对一个单动作的重复次数至少在4个八拍以上或10次以上。

（二）持续训练法

持续训练法，是指强度较低、持续时间较长且不间断地进行训练的方法，主要用于提高心脏功能和发展有氧代谢能力。练习时间为5分钟以上，甚至可持续20分钟～30分钟以上。

长时间持续运动对人体生理机能产生诸多良好影响，可提高大脑皮层神经过程的均衡性和机能的稳定性。长时间、小强度的练习，可使慢肌纤维选择性肥大，同时消耗肌肉内多余的脂肪。

（三）间歇训练法

间歇训练法，是指对多次练习时的间歇时间做出严格的规定，使机体在不完全恢复状态下反复进行练习的训练方法。通过严格的间歇训练，可使练习者的心肺功能得到明显增强。短时间、大强度的训练是间歇训练法的特点，这种训练方法可增加快肌纤维的选择性肥大。短时间、高强度的练习，不仅能使身体燃烧更多的热量，而且还能燃烧更多的脂肪，减轻体重。应当注意的是，短时间、高强度的练习对心血管系统的能力要求较高，因此，没有进行过系统健美训练的人，不建议进行高强度的练习。

二、练习强度的测定

对强度的准确监控是保证健康练习的前提，了解如何测定心肺练习的强度是开始训练的起点。脉搏跳动的次数是练习前、练习中和练习后最容易监测到的心肺功能的数据。

（一）脉搏测量方法

首先，将食指和中指从另一只手的腕背侧绕过，置于桡动脉处（腕部靠大拇指一侧），距腕横纹约一英寸，凭感觉脉搏来确定动脉的位置。

其次，测试安静脉搏。影响安静心率的因素有精神活动、环境温度、生物节律、身体姿态和心肺健康状况等，因此，安静心率应在睡觉刚醒来时测试每分钟的脉搏跳动次数，然后进行记录。

第三，测量练习中的脉搏，通常测量6秒的脉搏跳动次数，然后在测得的结果后加一个零，如6秒脉搏跳动次数为16次，那么一分钟脉搏频率为160次。

（二）监控练习强度

以适当水平的心肺强度进行练习是非常重要的，有许多公式适用于监控练习的强度，针对大众健美形体训练的特点，可用说话测试法。说话测试是确定心肺练习强度的主观测试方法，进行低强度至中等强度训练时，练习者应能在整个练习过程中舒适、有节奏地呼吸，能轻松地说出完整的句子。达到高强度时（达最大心率的85%），呼吸比安静时明显困难得多，虽然能够说话，但很难一口气说出完整的句子。

Chapter 2 第二章

艺术体操型形体训练法

艺术体操，是指通过徒手练习及持圈、绳、球等手持轻器械的训练。进行艺术体操训练可使肌肉合理地放松、紧张，使练习者表现出优雅的气质。

艺术体操是一项以自然性和韵律性动作为基础，以节奏为中心的运动。艺术体操动作是经过提炼、组织加工的人为设计的动作，其中，摆动性动作、波浪性动作及弹性动作是艺术体操的基本运动形式。练习者通过在不同空间及时间内准确运用和控制肌肉的用力程度，体现出各类动作的节奏性。因此，合理的肌肉紧张与放松是完成动作的关键。

手持轻器械做动作是艺术体操的主要练习方式，通过持各种轻器械进行练习，不仅使练习内容更加丰富多彩，而且能进一步发展动作的协调能力，提高肌肉用力的敏感度与准确性。

第一节 徒手基本动作

徒手练习是掌握各类身体动作技术、发展身体素质、培养协调性和节奏感的主要训练手段。徒手练习内容包括：手臂和腿的基本动作及基本步伐练习、摆动与绕环动作练习、躯干动作练习、平衡动作练习、弹性与放松动作练习。

一、脚的基本位置

（1）站立的基本姿势

头正直，两肩下沉，背部挺直，收腹立腰，臀部和两腿肌肉收紧，两脚用力向下踩地，目视前方（图2—1）。

（2）站立中脚的基本位置

① 并立——两脚并拢，脚尖向前（图2—2）。

② 自然立——脚跟相靠，脚尖向斜前方成“八”字形（图2—3）。

③ 开立——两脚侧开，相距约同肩宽，脚尖各向斜前方（图2—4）。

④ 丁字步——一脚跟在另一脚弓处成“丁”字形（图2—5）。

⑤ 点立——一脚站立，另一脚向前伸出脚尖点地，脚面绷直向外（图2—6）、向侧伸出脚尖点地，脚面向上（图2—7）、向后伸出脚尖点地，脚面绷直向外（图2—8）。

进行各脚位站立时，上体保持正直，使身体重心落在前脚掌上，做点立时，重心在支撑腿上。

图2—1/站立的基本姿势

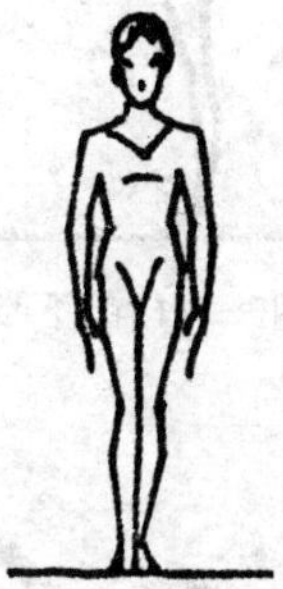
图2—2/并立

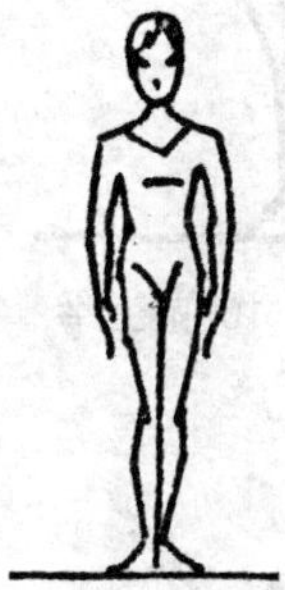
图2—3/自然立

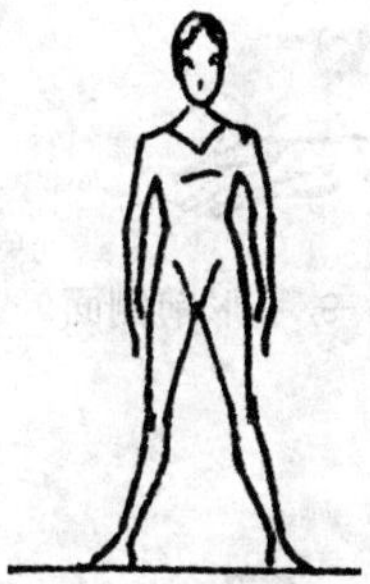
图2—4/开立

图2—5/丁字步

图2—6/向前点地

图2—7/向侧点地

图2—8/向后点地

二、手臂的基本位置

（1）手型与手臂的基本要求

肩放松，肘、腕自然微屈，手臂呈弧形；手指并拢，自然伸长，拇指与中指稍向里合（图2—9）。

（2）两臂同方向举

前上举——以大臂带动肘、小臂，手腕抬起至前上举（图2—10）。

前下举——做法同上，抬至前下举（图2—11）。

侧上举——做法同上，抬至侧上举（图2—12）。

后举——做法同上，抬至斜后下举（图2—13）。

（3）两臂不同方向举

一臂前上举，另一臂前举（图2—14）。

图2—9/手形前侧面

图2—10/前上举

图2—11/前下举

图2—12/侧上举

图2—13/后举

图2—14/一臂前上举，另一臂前举

图2—15/一臂前上举，一臂后举

图2—16/一臂侧上举，一臂侧下举

一臂前上举，另一臂后举（图2—15）。

一臂侧上举，另一臂侧下举（图2—16）。

一臂后上举，另一臂前下举（图2—17）。

（4）手臂的七个基本位置

一位手臂：两臂体前自然下垂，指尖相对，掌心稍向内（图2—18）。

二位手臂：两臂保持弧形位置稍低于肩前举，掌心向内（图2—19）。

三位手臂：两臂保持弧形稍偏前上举，掌心向内下方（图2—20）。

四位手臂：一臂上举，一臂前举（图2—21）。

五位手臂：一臂上举，一臂侧举（图2—22）。

六位手臂：一臂前举，一臂侧举（图2—23）。

七位手臂：两臂侧举，掌心向前下方（图2—24）。

上述动作技术要点：做动作时保持挺胸、收腹、立腰，两肩自然放松，臂、腕自然伸直，身体保持平稳，头部配合协调。动作规格：部位准确，动作伸展，幅度大，有美感。

图2—17/一臂后上举，一臂前下举

图2—18/一位手臂

图2—19/二位手臂

图2—20/三位手臂

图2—21/四位手臂

图2—22/五位手臂

图2—23/六位手臂

图2—24/七位手臂

（5）练习步骤

（1）并立，分别进行各种手臂位置练习。

（2）丁字步，手臂的七个位置可连贯起来进行练习，从一位到二位用4拍完成，然后再在二位上停顿4拍，接着用4拍移动到三位，以此类推，用8个8拍完成七个位置的手臂练习。

三、基本步伐

（1）柔韧步

预备姿势：自然站立，两臂自然下垂（图2—25）。

动作过程：左腿膝和脚面绷直向前伸出，由脚尖过渡到全脚掌落地，身体重心随之前移，接着再换右脚向前伸出落地，两腿依次交替进行，两臂自然前后摆动（图2—26）。

技术要点：摆动腿，向前伸出，由脚尖过渡到全脚掌落地，重心前移，收腹立腰，眼平视。

图2—25/自然站立

图2—26/柔软步

图2—27/预备姿势

图2—28/足尖步

图2—29/柔软跑步

动作规格：动作自然，柔和。

（2）足尖步

预备姿势：两脚并立提踵，两手叉腰（图2—27）。

动作过程：左腿膝和脚面绷直向前伸出，由脚尖过渡到前脚掌落地支撑，重心前移，两腿交替进行（图2—28）。

技术要点：支撑腿脚踝充分向上立，身体正直，收腹立腰，步幅均匀，不宜过大。

动作规格：提踵高，动作平稳，自然协调。

（3）柔韧跑步

预备姿势：自然站立（同图2—25）。

动作过程：在自然跑步的基础上，要求摆动腿稍经腾空，自然向前伸出，脚面绷直，前脚掌柔和落地，重心随之前移，然后换另一腿再向前摆出，两腿交替进行，两臂自然前后摆动（图2—29）。

技术要点：摆动腿自然前伸，步幅适中，身体随之稍前倾，收腹立腰。

动作规格：动作有弹性，柔和，自然协调。

（4）踏跳步

预备姿势：自然站立。

动作过程：

① 左脚向前一步，两臂一位手位（图2—30）。

② 左脚蹬地跳起，同时右腿直膝后举，脚面绷直，两臂向上摆成左臂侧举，右臂前举（图2—30），3—4拍换右腿做。

技术要点：后举腿与蹬地腿起跳要同时，上体正直，收腹立腰。

动作规格：动作节奏准确，姿态舒展，轻松自然。

（5）跑跳步

预备姿势：自然站立，两手叉腰。

动作过程：右脚原地轻跳，同时左腿屈膝抬起，脚面绷直，脚尖向下；左脚落地，随即原地轻跳，同时右腿屈膝抬起（图2—31）。

技术要点：前屈向下落地要快，小跳短促，同时屈膝腿不宜过高，并用前脚掌自然落地和跳起。

动作规格：跳与落节奏准确，轻松、活泼、协调。

图2—30/踏跳步

图2—31/跑跳步

（6）并步跳

并步跳主要用于动作之间的连接或跳步前的过渡步法，可向前、侧、后做。下面以向前并步跳为例。

预备姿势：自然站立，两臂侧举。

动作过程：左脚向前一步，重心随之前移，左腿稍屈膝成小弓步（图2—32），接着左脚蹬地跳起，同时右脚在空中与左脚并拢（图2—33），右脚落地，左脚前点地。

图2—32/向前一步

图2—33/空中并腿

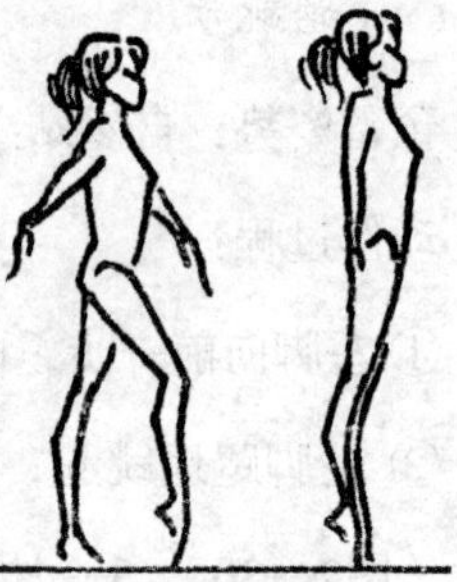

图2—34/滚动步

技术要点：前进的腿经屈膝蹬地跳起，后腿向前腿并拢，空中两腿夹紧，膝和脚面绷直，收腹立腰。

动作规格：动作连贯，有腾空，身体正直。

（7）滚动步

滚动步是具有柔和、连贯及弹性的步法，可原地做，也可向前、向后做。下面以向前滚动步为例。

预备姿势：两脚并拢立踵，两臂自然下垂。

动作过程：

① 左脚柔和地由脚尖过渡到全脚掌落地，重心移至左腿，右腿向前屈膝，脚面绷直，迈出一小步，脚尖点地，同时两臂自然前后摆动（图2—34）。

② 经双腿提踵立，重心右移，右脚全脚掌落地，左脚屈膝向前出步，脚尖点地，同时两臂向相反方向摆动。

技术要点：经两腿提踵立过程交替移重心，同时上体保持正直，收腹立腰，髋部上提。

动作规格：膝向前，小腿和脚背与地面垂直，动作连贯、柔和、有弹性。

（8）弹簧步

弹簧步是表现腿部弹性特点的步法，也是单腿立踵及跳步的基础，弹簧步包括普通弹簧步、前屈膝弹簧步和跳的弹簧步。

① 普通弹簧步

预备姿势：两脚并拢立踵，两手叉腰（同图2—27）。

动作过程：

① 左脚向前一步，同时稍屈膝半蹲，重心移至左腿（图2—35）。

② 左腿伸直提踵，同时右腿向前下伸，膝与脚面绷直（图2—36）。

图2—35/第1拍

图2—36/第2拍

图2—37/第1拍

图2—38/第2拍

3—4拍动作同1—2拍，但换右脚做。

技术要点：出脚时由脚尖过渡到全脚掌柔和落地，有控制地依次弯曲踝、膝关节，接着依次充分伸直膝、踝，重心向上成提踵立，上体正直，收腹立腰，步幅不宜过大。

动作规格：动作柔和，连贯、有弹性，步幅适中。

② 前屈膝弹簧步

预备姿势：两脚并拢，两臂自然下垂（同图2—25）。

动作过程：

① 左脚向前一步，同时稍屈膝半蹲，重心移至左腿（图2—37）。

② 左腿伸直提踵，右腿屈膝前举，同时一臂前举，一臂侧举（图2—38）。

3—4拍动作同1—2拍，但换右脚做。

技术要点：出脚时由脚尖过渡到全脚掌柔和落地，有控制地依次弯曲踝、膝关节，接着依次充分伸直膝、踝，重心向上成提踵立，上体正直，收腹立腰，步幅不宜过大。

动作规格：屈膝前举的大腿抬平，大小腿成钝角，膝向外，动作平稳、连贯、协调，有力度。

③ 跳的弹簧步

预备姿势：两脚并拢，两臂自然下垂（同图2—25）。

动作过程：

① 左脚向前一步，同时稍屈膝半蹲，重心移至左腿（图2—39）。

② 左腿伸直向上跳，右腿屈膝前举，同时左臂前举，右臂侧举（图2—40）。

3—4拍动作同1—2怕，但换右脚做。

技术要点：支撑腿经稍屈膝用力蹬地，使身体向前上方腾起，同时摆动腿迅速举膝前摆，上体保持正直。

图2—39/第1拍

图2—40/第2拍

动作规格：在空中保持屈膝前举腿姿势，动作柔和、连贯、有弹性，步幅适中。

（9）变换步

变换步具有柔和、舒展的特点，动作变换多样，包括普通变换步、后举腿变换步、前屈膝变换步、转体变换步、跳的变换步等。

① 普通变换步

预备姿势：自然站立，两臂侧举。

动作过程：

1—左脚向前柔软步（图2—41）。

2—右脚与左脚并成自然站立，同时两臂成一位手位（图2—42）。

3—左脚向前柔软步（图2—43）。

4—重心前移至左腿站立，右腿伸直，脚面绷直后点地，同时右臂前举，左臂侧举（图2—44）。

5—8拍动作同1—4拍，但换右腿做。

技术要点：做动作时收腹立腰，上体正直，髋要正，后腿伸直点地，后脚尖与前脚跟在一条直线上。

动作规格：动作连贯、协调、舒展。

图2—41/第1拍

图2—42/第2拍

图2—43/第3拍

图2—44/第4拍

② 后举腿变换步

预备姿势：自然站立，两臂侧举。

动作过程：

1—左脚向前柔软步（同图2—41）。

2—右脚与左脚并成自然站立，两臂成一位手位（同图2—42）。

3—左脚向前柔软步（同图2—43）。

4—重心前移至左腿提踵立，右腿伸直后举，同时右臂前举，左臂侧举（图2—45）。

5—8拍动作同1—4拍，但换右腿做。

技术要点：做动作时收腹立腰，上体正直，髋要正，后腿伸直举起，与前脚跟在一条直线上。

动作规格：动作连贯、协调、舒展。

③ 前屈膝变换步

预备姿势：自然站立，两臂侧举。

动作过程：

1—左脚向前柔软步（同图2—41）。

2—右脚与左脚并成自然站立，两臂成一位手位（同图2—42）。

3—左脚向前柔软步（同图2—43）。

4—重心前移至左腿提踵立，右腿屈膝前举，同时右臂侧上举，左臂前下举（图2—46）。

5—8拍动作同1—4拍，但换右腿做。

技术要点：摆动腿屈膝前举，上体挺直，收腹立腰。

动作规格：前屈大腿抬平，大小腿成钝角，膝向外，动作连贯、舒展。

图2—45/第4拍

图2—46/第4拍

④ 转体变换步

预备姿势：自然站立，两臂侧举。

动作过程：

1—左脚向前柔软步同时两臂成一位手位，接着右腿向前摆同时两臂成三位手（图2—47）。

2—向左转体180度，成右腿后举（图2—48）。

3—右腿后退一步（图2—49）。

4—接着左腿在向后摆起的同时向左转体180度，成左腿前举，两臂经二位手位至三位手位（图2—50）。

技术要点：支撑腿经稍屈膝提踵的同时，摆动腿向前摆至最高点，以脚尖内转的力量带动髋和上体转体180度，此时重心向上，上体正直。向后摆腿转体180° 时，摆动腿以脚尖外转力量带动身体转动。

动作规格：动作连贯、伸展，重心稳，有力度。

⑤ 跳的变换步

预备姿势：自然站立，两臂侧举。

动作过程：

1—左脚向前柔软步（同图2—41）。

2—右脚与左脚并成自然站立，两臂成一位手位（同图2—42）。

3—左脚向前上步（同图2—43）。

4—左脚蹬地跳起，右腿伸直后举，同时右臂前上举，左臂侧举（图2—51）。

5—8拍动作同1—4拍，但换右腿做。

图2—47/第1拍　　图2—48/第2拍　　图2—49/第3拍

图2—50/第4拍

图2—51/第4拍

技术要点：支撑腿经稍屈膝用力蹬地向上跳起，使身体重心向上，收腹立腰，抬头挺胸，同时，另一腿伸直后举，与前腿在一直线上。

动作规格：空中姿态准确，动作连贯、协调、舒展。

（10）华尔兹步

华尔兹具有轻盈、优美、流畅的特点，动作形式变化多样，可向前、向后、向侧、转体和跑动进行，该动作以三拍完成。

① 向前华尔兹步

预备姿势：两脚并立立踵，两臂侧举（图2—52）。

动作过程：

1—左脚向前做一次柔软步，落地稍屈膝，重心随之前移（图2—53）。

2—右脚向前足尖步一步（图2—54）。

3—左脚向前足尖步一步（图2—55）。

在三拍动作过程中配合左臂依次波浪，然后换另一脚做。

技术要点：第一步的步幅大，第二、三步的步幅均等，动作起伏自然，收腹立腰，重心随出步而移动。

动作规格：协调、连贯、柔和、步幅均等。

图2—52/预备姿势

图2—53/第1拍

图2—54/第2拍

图2—55/第3拍

② 后退华尔兹步

预备姿势：两脚并立立踵，两臂侧举（图2—56）。

动作过程：

1—左脚向左侧后一大柔软步，落地稍屈膝，重心随之后移，身体随之稍向右转动，两臂侧平举，眼看右手（图2—57）。

2—右脚向后半蹲足尖步一步，同时右臂水平向前摆（图2—58）。

3—左脚向后足尖步一步，同时右臂前举（图2—59），然后换另一脚做。

图2—56/预备姿势

图2—57/第1拍

图2—58/第2拍

图2—59/第3拍

③ 向侧华尔兹步

预备姿势：两脚并立，两臂右侧举（图2—60）。

动作过程：

1—左脚向左一大柔软步，落地稍屈膝，重心随之移至左腿，同时两臂下摆（图2—61）。

2—右脚前掌踏在左脚跟后，同时两臂继续向左摆（图2—62）。

3—右腿伸直立踵，接着左脚与右脚并立提踵，同时两臂摆至左侧举（图2—63），然后换反方向做。

图2—60/预备姿势

图2—61/第1拍

图2—62/第2拍

图2—63/第3拍

④ 转体华尔兹

预备姿势：两脚并立提踵，两手叉腰。

动作过程（六拍完成）：

1—左脚向前一柔软步，稍屈膝（图2—64）。

2—右脚足尖步，同时向左转体180度（图2—65）。

3—左脚做足尖步，与右脚并成提踵立，（图2—66）。

1—右脚后退一柔软步，稍屈膝（图2—67）。

2—左脚后退足尖步，同时向左转体180度（图2—68）。

3—右脚做足尖步，与左脚并成提踵立，（图2—69）。

然后右腿开始，动作相同，方向相反。

技术要点：在2—3拍做足尖步的同时转体180度，收腹立腰，身体正直。

动作规格：转体准确、连贯，起伏自然、柔和。

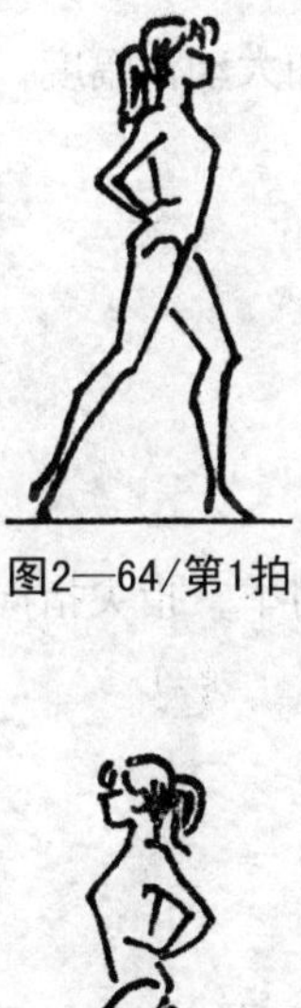

图2—64/第1拍

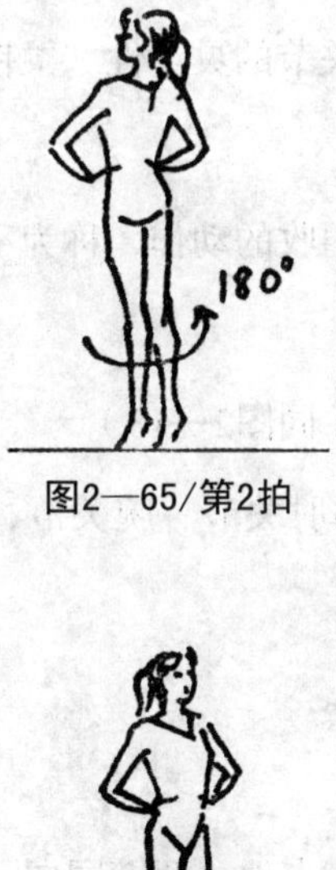

图2—65/第2拍

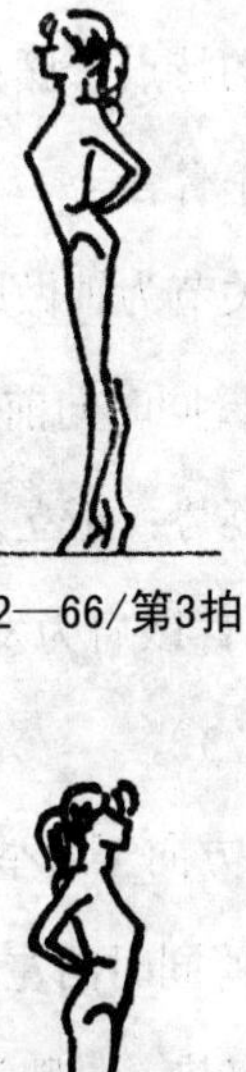

图2—66/第3拍

图2—67/第1拍

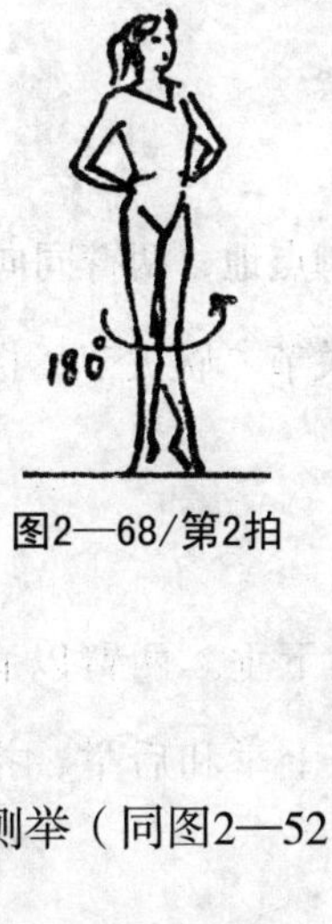

图2—68/第2拍

图2—69/第3拍

⑤ 跑华尔兹

预备姿势：两脚并立提踵，两臂侧举（同图2—52）。

动作过程：

1—左脚向左前方自然跨出，稍经腾空后柔和落地，重心随之前移（图2—70）。

2—右脚向前做足尖小跑一步（图2—71）。

3—左脚向前做足尖小跑一步（图2—72）。

同时做配合左臂侧波浪，然后右腿开始做，方向相反，配合右臂侧波浪。

图2—70/第1拍

图2—71/第2拍

图2—72/第3拍

四、摆动

摆动的特点：摆动可以发展关节的灵活性、柔韧性，又能加大动作幅度。

（1）手臂摆动

以肩关节为轴做屈伸、外展内收的动作，称为手臂摆动。

① 两臂同时向前、后摆动

预备姿势：正立，两臂后举（同图2—13）。

1—两臂以肩为发力点，带动肘关节、腕关节、指关节至前举，指尖指向最远端伸出（图2—73）。

2—反方向至后举（图2—74）。

② 两臂同时向左、右摆动

预备姿势：一腿站立，另一脚点地，两臂同向一侧举（图2—75）。

两臂以肩为发力点，带动肘关节、腕关节、指关节至另一侧侧举，指尖指向最远端伸出，然后反方向做（图2—76）。

③ 两臂分别向前、后摆动

预备姿势：正立，两臂自然下垂。两臂以肩为发力点，一臂向前、一臂向后带动肘关节、腕关节、指关节至前上举和后举，指尖指向最远端伸出，然后反方向做（图2—77）。

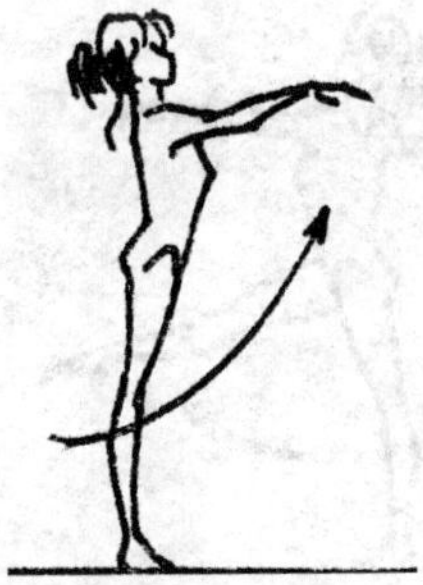

图2—73/第1拍

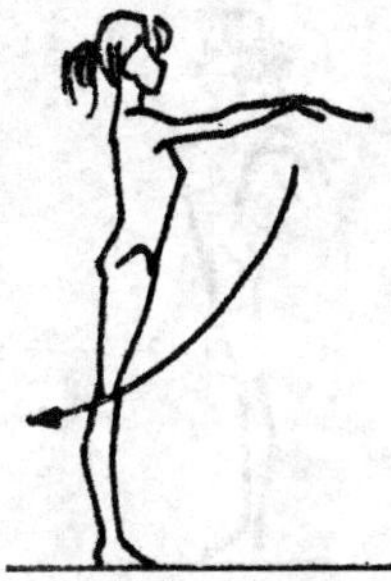

图2—74/第2拍

图2—75/预备姿势

图2—76

图2—77

④ 两臂体前交叉摆动

预备姿势：正立，两臂侧平举（同图2—56）。两臂以肩关节为发力点，同时向下带动肘关节、腕关节、指关节至体前交叉，指尖指向最远端伸出，然后反方向做（图2—78）。

摆动的技术要点：摆动时肩关节放松下沉，并以肩带动肘关节，以肘关节带动腕关节，以腕关节带动指关节，最后指尖向最远端伸出。

动作规格：动作柔和、松弛、协调，摆幅均匀。

（2）腿的摆动

腿的摆动是以髋关节为轴做的屈伸动作。

① 前后腿摆动

预备姿势：自然站立，两臂侧平举（图2—79）。

动作过程：左腿伸直，向前摆至前举，同时两臂经下摆至右臂前举，左臂侧举（图2—80）。接着左腿伸直，向后摆至后举，同时两臂经下摆至左臂前举，右臂侧举（图2—81）。

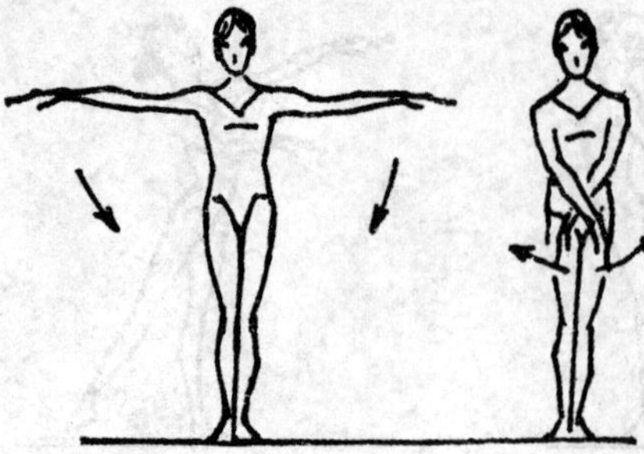
图2—78

图2—79/预备姿势

图2—80

图2—81

图2—82/向前踢腿

技术要点：以髋为轴，利用惯性自然前后摆动。

动作规格：动作协调，自然放松，部位准确。

② 向前踢腿

预备姿势：自然站立，两臂侧平举（同图2—79）。

动作过程：右脚向前一步，接着左腿膝和脚面绷直，以髋为轴，快速有力地向正前方踢起，身体保持正直，左腿向前落地（图2—82）。换踢右腿。

技术要点：摆动腿及支撑腿伸直，踢腿时以脚尖发力，快而有力，并有控制地落下，保持髋正、腹肌收紧。

动作规格：动作协调、有力，踢腿方向及姿势准确，踢腿高度大于90度。

③ 向侧踢腿

预备姿势：自然站立，两臂侧平举（同图2—79）。

动作过程：右脚向前一步，接着左腿膝和脚面绷直，以髋为轴，快速有力地从两臂后面向左侧耳旁方向踢起，身体保持正直，左腿从左侧落地（图2—83）。换右腿做。

技术要点：摆动腿及支撑腿伸直，踢腿时以脚尖发力，快而有力，并有控制地落下，保持髋正，腹肌收紧。

动作规格：动作协调、有力，踢腿方向及姿势准确，踢腿高度大于90度。

④ 向后踢腿

预备姿势：自然站立，两臂侧平举（同图2—79）。

动作过程：右脚向前一步（图2—84），左腿并右腿半蹲，同时两臂下落至体侧（图2—85），接着右腿膝和脚面绷直，以髋为轴，快速有力地向正后方踢起，身体尽量后屈，同时两臂前摆，经前向上、后摆动（图2—86），右腿落下向前点地，两臂侧平举，换另一腿做。

技术要点：摆动腿及支撑腿伸直，踢腿时以脚尖发力，快而有力，并有控制地落下，保持髋正，腹肌收紧。

动作规格：动作协调、有力，踢腿方向与支撑腿在一直线上，姿势准确，踢腿高度大于90度。

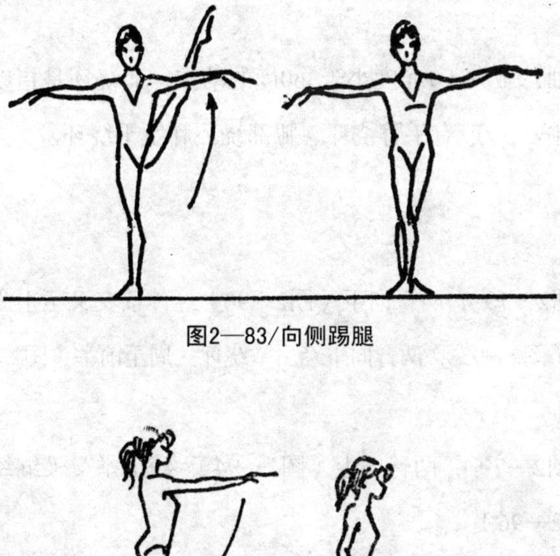
图2—83/向侧踢腿

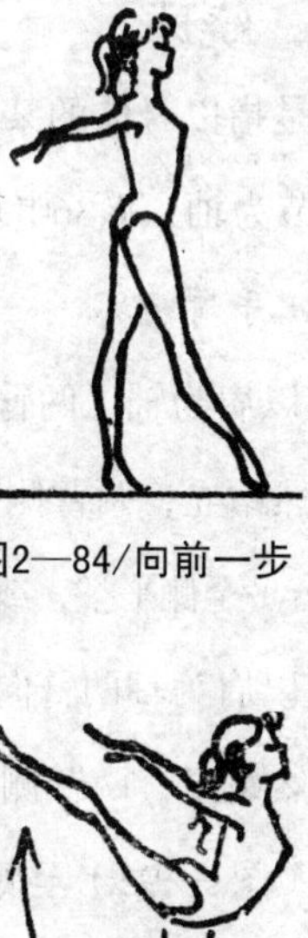
图2—84/向前一步

图2—85/半蹲

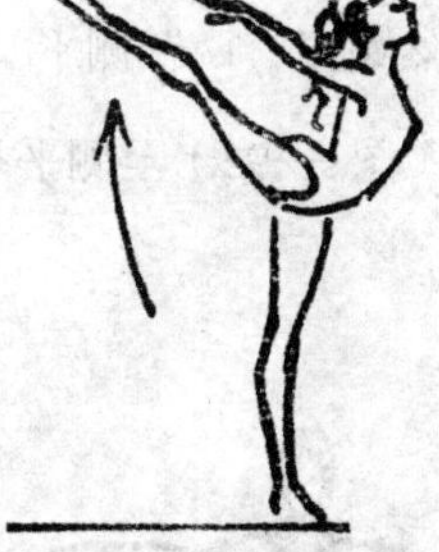
图2—86/向后踢腿

（3）躯干摆动

躯干摆动，是以髋为轴做体前屈的左右摆动。

预备姿势：两脚开立，两臂右侧举（图2—87）。

动作过程：上体向右下经体前屈摆至左侧（图2—88），上体还原直立，同时两臂随

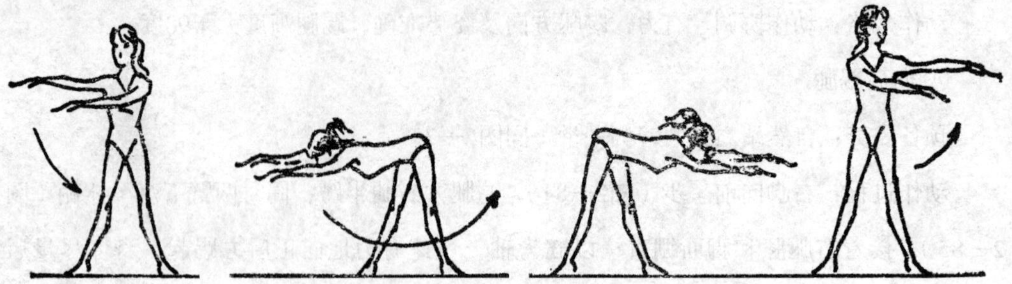

图2—87/预备姿势　图2—88/体前屈摆　图2—89/摆至侧举

上体摆动，摆至侧举（图2—89），接着由左向右摆动，还原成预备姿势。

技术要点：两腿伸直，重心在两脚之间，利用上体的重力作用，以髋为轴，左右放松摆动。

动作规格：上体放松，动作协调，摆动幅度大，充分。

五、绕环

绕是指以身体的某一关节为轴，做大于180度小于360度的动作；而绕环是指以身体某一关节为轴，做360度以上的动作，一般有手臂绕环、腿部绕环和躯干绕环。

（1）手臂绕环

① 以肩为轴，两臂向下绕环

自然站立，两臂侧平举（同图2—79），两臂向下（图2—90）经体前交叉至上举交叉（图2—91）至侧平举，或两臂前举（图2—92），两臂向下经后举绕环一周至前举（图2—93）。

② 以肩为轴两臂向上绕环

自然站立，两臂侧平举（同图2—79），两臂向上（图2—94），经上举交叉继续经体前交叉（图2—95）至侧平举（图2—96）。

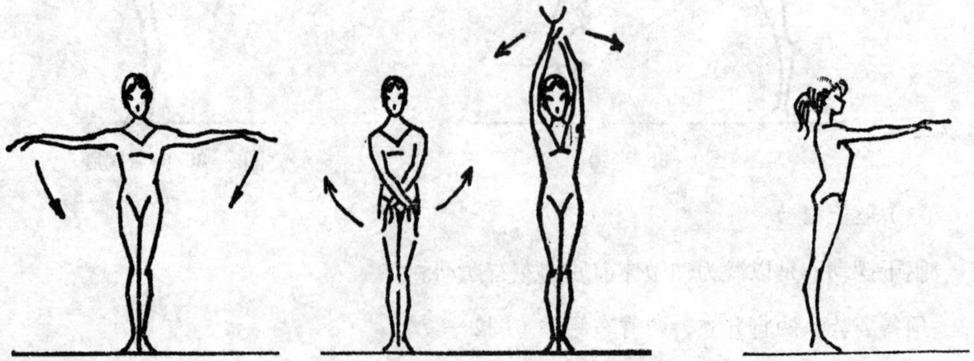

图2—90/两臂向下　图2—91/经体前交叉至上举交叉　图2—92/两臂前举

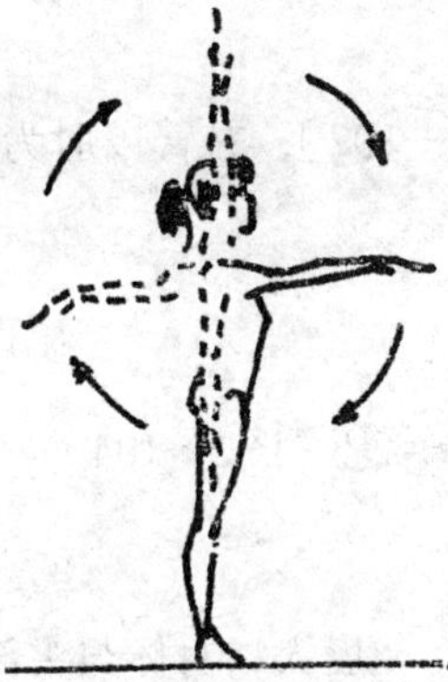

图2—93/绕环

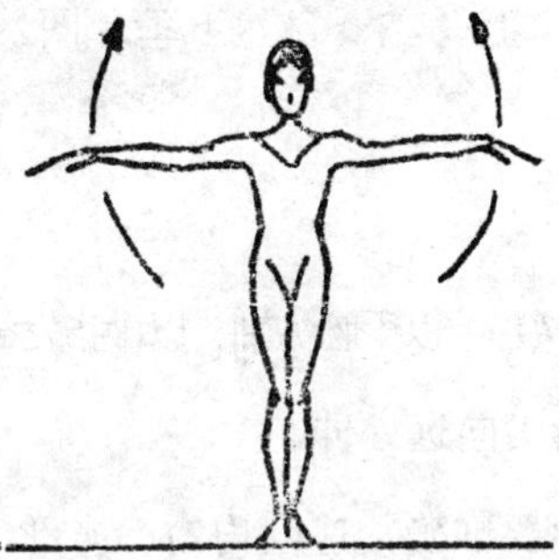

图2—94/两臂向上

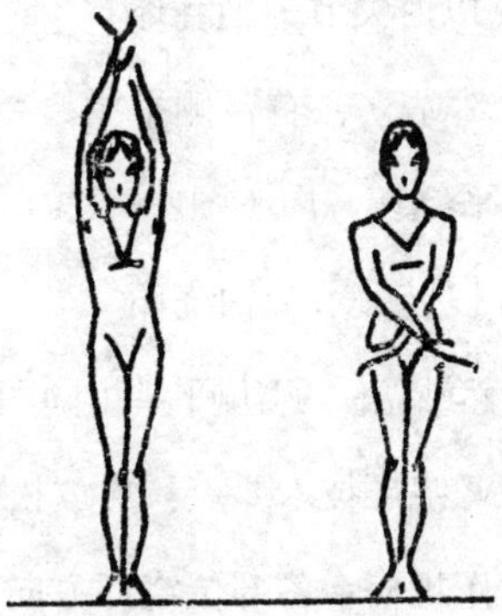

图2—95/经上、体前交叉

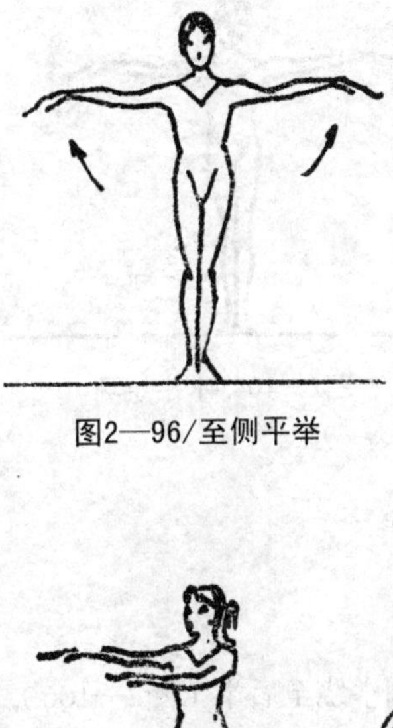

图2—96/至侧平举

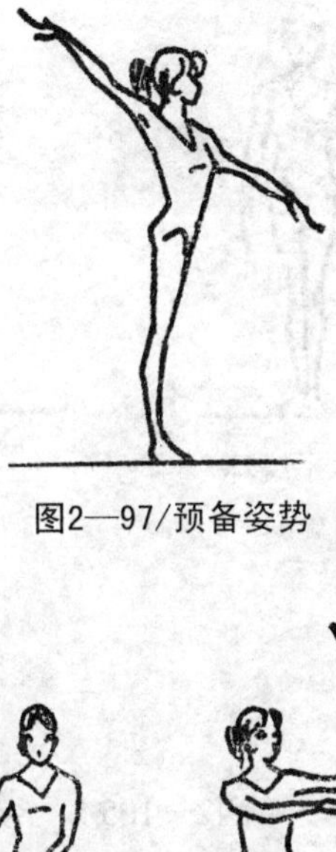

图2—97/预备姿势

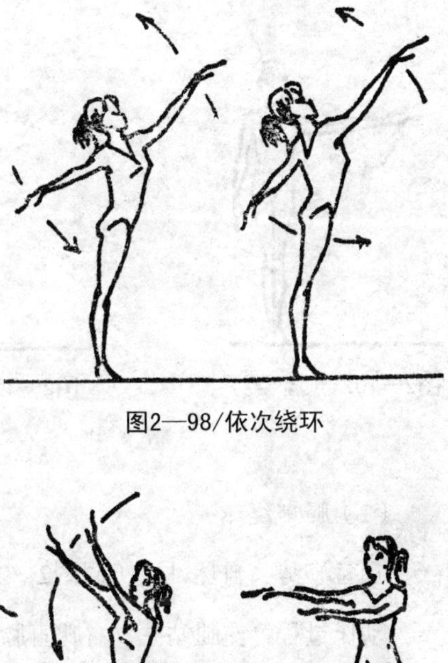

图2—98/依次绕环

图2—99/预备姿势

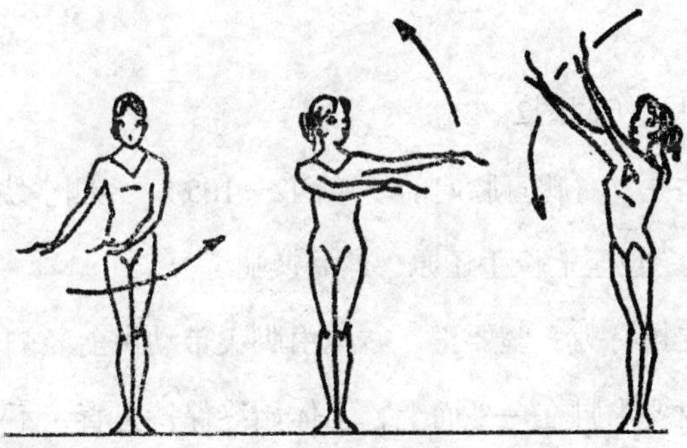

图2—100/绕环

图2—101/成预备姿势

③ 以肩为轴两臂依次绕环

自然站立，一臂前下举，一臂斜后上举（图2—97），前下举臂向上经后绕，同时斜后上举臂向前绕环一周（图2—98）。

④ 以肩为轴两臂向左绕环

自然站立，两臂右侧举（图2—99），两臂同时向下经左绕环（图2—100）一周，还原成预备姿势（图2—101）。

⑤ 以肘关节为轴绕环

自然站立，右臂侧平举，手心向上，左臂自然下垂（图2—102），右臂以肘为轴，向内水平绕环一周（图2—103）。

⑥ 以腕关节为轴绕环

自然站立，两臂侧平举（同图2—79），以手腕为轴，以中指发力绕环（图2—104）。

手臂绕环技术要点：肩放松，指尖向远处伸。

动作规格：各部位绕环方向和面要准确，速度均匀、连贯，幅度大，身体与头部动作配合协调。

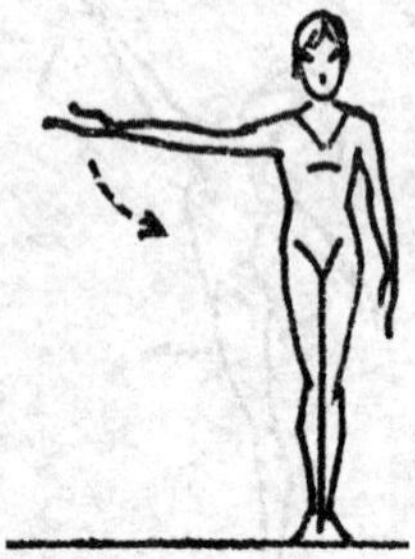
图2—102/预备姿势

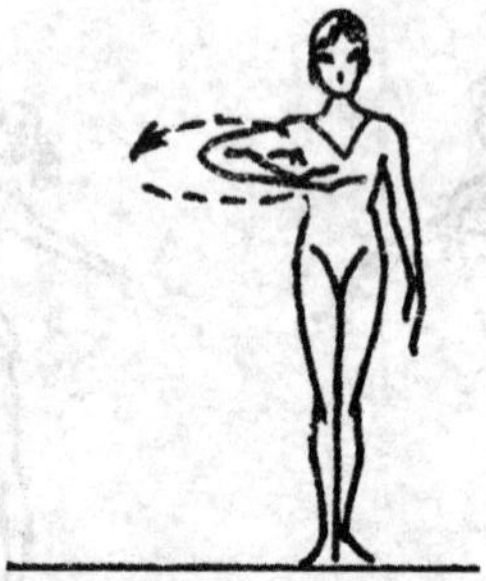
图2—103/水平绕环

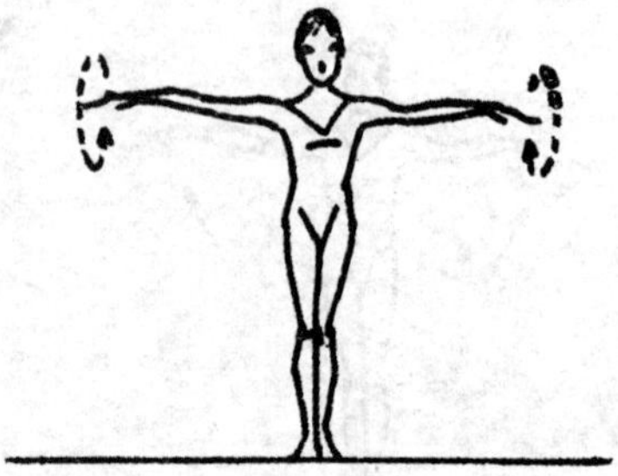
图2—104/水平绕环

（2）腿部绕环

预备姿势：自然站立（同图2—25）。

动作过程：左腿站立，右腿直膝向前举（图2—105），经侧举绕至后举（图2—106），同时两臂由一位经二、三位至七位手还原，然后换腿练习。

技术要点：左腿支撑有力，髋要正，右腿由脚尖带动由前经侧向后绕动。

动作规格：绕动时要求脚在一平面上，上体始终保持正直，不要前后、左右晃动。

图2—105/一腿前举

图2—106/经侧绕至后举

（3）躯干绕环

躯干绕环是上体弯曲的一种联合动作，通过练习可增强腰、髋的柔韧性、灵活性及控制能力。

预备姿势：两脚开立，两臂右侧举。

动作过程：上体从右前屈（图2—107），两臂前举，由两手带动上体经体前屈（图2—108）向左（图2—109）、向后（图2—110）、向右（图2—111）经体前屈至站立，然后再反方向做。

技术要点：上体向各方向运动时，应连续不断地在同一水平面上进行。重心在两脚上，两腿伸直，同时两臂以摆绕远伸的动作帮助腰的绕环。躯干各侧肌肉放松与紧张协调配合，后绕时抬头，肩充分展开。

动作规格：速度均匀，动作连贯，幅度大、充分，各侧屈体应达到腰水平线。

图2—107/上体从右前屈

图2—108/体前屈

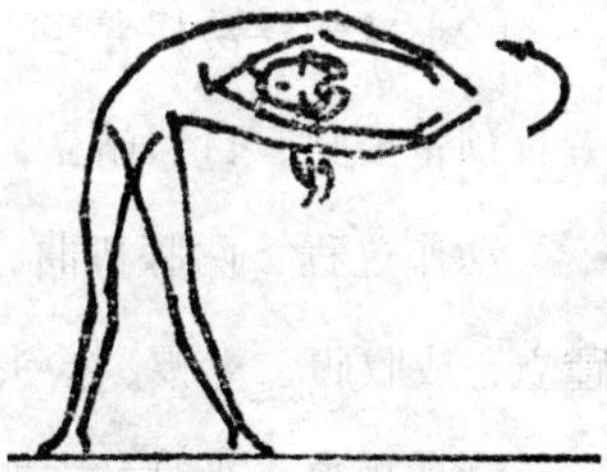

图2—109/向左

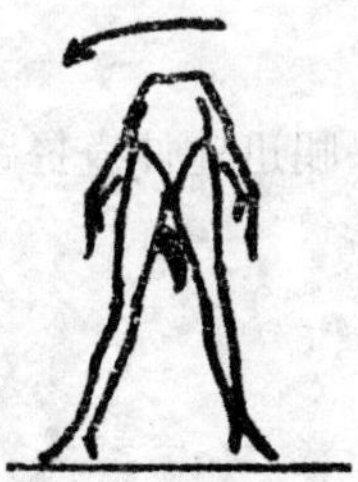

图2—110/向后

图2—111/向右

六、腿部弹动

腿部弹动是通过踝、膝、髋各关节同时屈、伸的一种练习，包括自然弹动和快速弹动。

（1）腿的自然弹动

预备姿势：自然站立，两臂侧平举（同图2—79）。

动作过程：两腿柔和地半蹲，接着两腿向上站立，同时两臂向下成体前交叉（图2—112），两腿再继续半蹲、站立一次，同时两臂由体前交叉向外摆至侧平举（图2—113）。

技术要点：两腿半蹲与站立之间没有停顿，半蹲含胸，站立，上体充分挺开。

动作规格：半蹲站立要柔和、连贯，有弹性，有节奏，有力度。

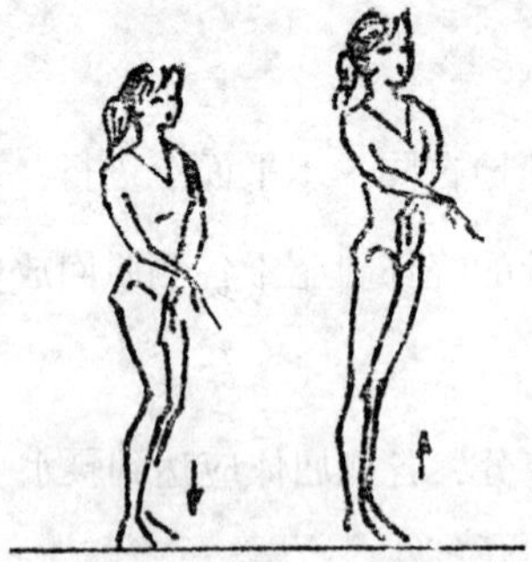
图2—112/弹动一次

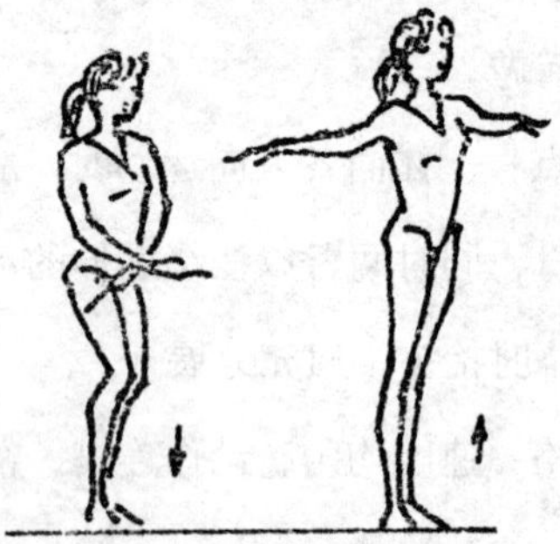
图2—113/再弹动一次

（2）双腿弹动摆臂

预备姿势：自然站立，两臂前举（图2—114）。

动作过程：两膝弯曲，同时两臂由前摆至后举（图2—115），接着两腿迅速伸直提踵立，成收腹、立腰、抬头、挺胸姿势，目视前方（图2—116）。

动作规格：半蹲站立要柔和、连贯，有弹性，有节奏，有力度。

（3）单腿快速弹动

预备姿势：两脚提踵立，两臂前举。

动作过程：两脚落踵半蹲（同图2—115），接着一腿迅速伸直提踵立，同时另一腿

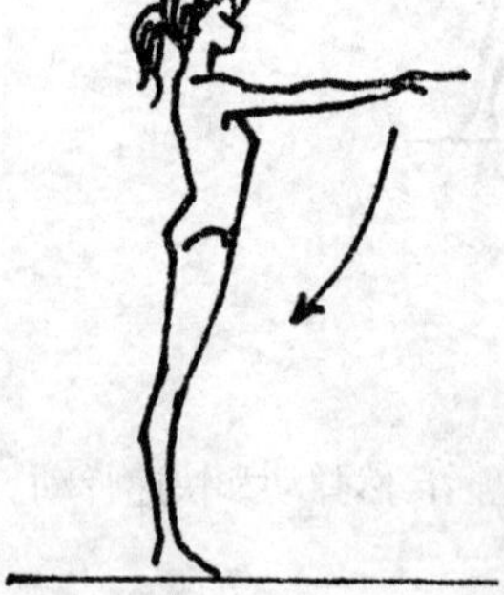
图2—114/两臂前举

图2—115/半蹲

图2—116/起踵立

向前屈膝摆，同时两臂由前摆至后举（图2—117），落下腿半蹲（同图2—115），接着一腿迅速伸直提踵立，另一腿向后屈膝摆，同时两臂摆至前举（图2—118），立踵，成收腹、立腰、抬头、挺胸姿势，目视前方（图2—119）。

动作规格：半蹲站立要柔和、连贯，有弹性，有节奏，有力度。

图2—117/单足立前举腿

图2—118/单足立踵后举腿

图2—119/结束姿势

七、移重心

移重心是指身体重心由一腿上移动至另一腿上，可向前、后或左、右不同方向移动。

（1）*左右移重心*

预备姿势：右脚站立，左脚侧点地，两臂右侧举（图2—120）。

动作过程：右腿屈膝，接着重心侧移，经两腿半蹲（图2—121），重心逐渐移至左腿上，左腿经稍屈至伸直站立，右脚侧点地，同时两臂随身体重心移动，由右向下经体前摆至左侧举（图2—122）。

动作规格：移动要经过两腿半蹲过程，速度均匀，上体保持正直。

图2—120/预备姿势

图2—121/经半蹲

图2—122/重心移至左腿

（2）前后移重心

预备姿势：左腿站立，右脚前点地，两臂后举（图2—123）。

动作过程：左腿稍屈膝，接着重心前移，经两腿微屈（图2—124），重心逐渐移至右腿上，随即右腿伸直站立，左脚后点地，同时两臂随身体重心移动，由后经体侧摆至前举（图2—125），接着向后移重心，动作同向前，但方向相反。

动作规格：移动要经过两腿微屈过程，速度均匀。

图2—123/预备姿势

图2—124/经两腿微屈

图2—125/结束姿势

八、躯干弯曲

躯干弯曲是指下肢保持一定的姿势，躯干与下肢形成一定的角度。躯干的基本练习包括前屈、侧屈和后屈。

（1）上体向前弯曲

① 站立，上体前屈（图2—126）最大幅度，胸贴大腿（图2—127）。

要求：两腿伸直，上体前屈，幅度可由90度至胸部紧贴两腿。

② 直角坐（图2—128），上体前屈（图2—129）。

要求：上体保持胸、背挺直前屈，尽量使胸触腿。

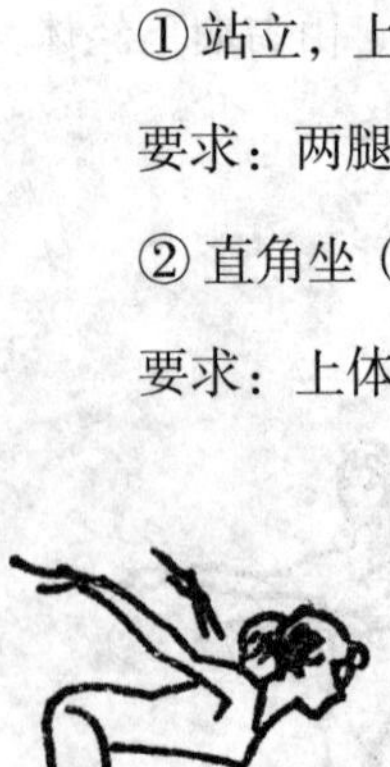
图2—126/挺胸前屈

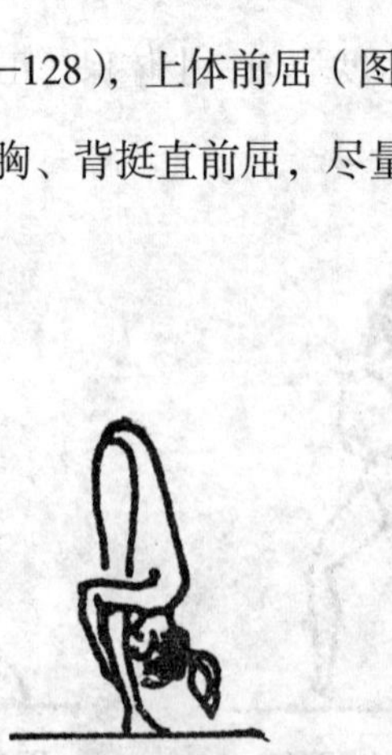
图2—127/站姿体前屈胸贴大腿

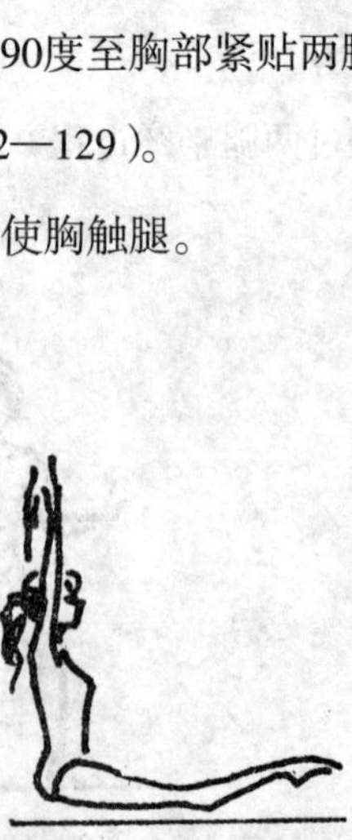
图2—128/直角坐

图2—129/坐姿体前屈，胸贴大腿

③ 单腿跪立，上体前屈。左腿跪立，右腿前伸点地，两臂上举（图2—130），上体尽量前屈（图2—131）。

技术要点：以腰、胸、肩、头依次前屈，以头、肩、胸、腰依次抬起。

动作规格：幅度大、方向正。

（2）上体向后弯曲

① 站立（图2—132），上体后屈（图2—133）。

② 单腿跪立，上体后屈。左腿跪立，右腿直膝前伸点地，两臂上举（同图2—130），上体充分向后弯曲（图2—134）。

技术要点：以腰为轴，下肢相对固定，躯干充分弯曲。上体后屈时以头、肩、胸、腰依次后屈，起时以髋、腰、胸、头依次用力顶起。

动作规格：幅度大、方向正。

（3）上体向侧弯曲

① 站立，上体侧屈

开立（图2—135），上体最大限度向侧弯曲（图2—136）。

图2—130/单腿跪立

图2—131/单腿跪立体前屈

图2—132/预备姿势

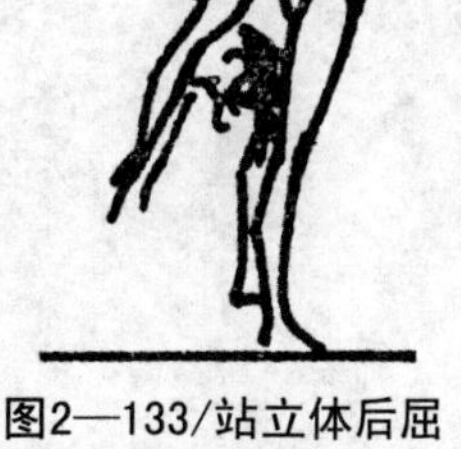

图2—133/站立体后屈

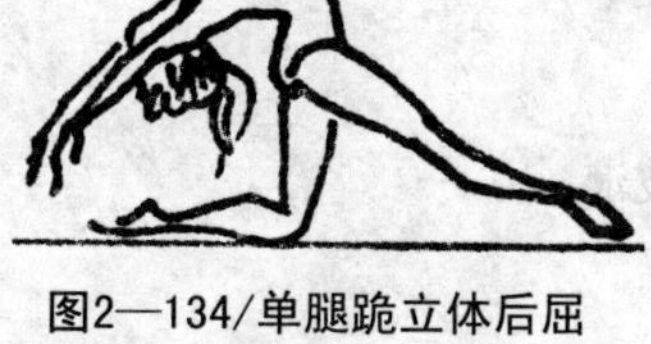

图2—134/单腿跪立体后屈

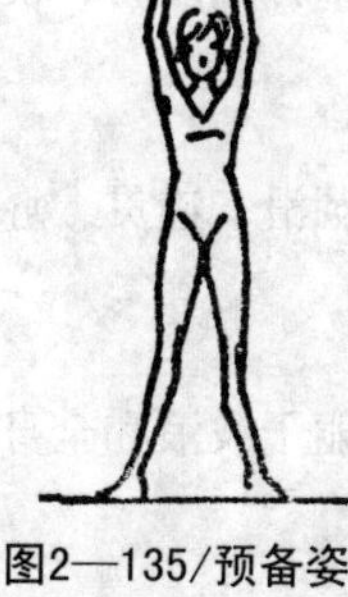

图2—135/预备姿势

图2—136/体侧屈

② 单腿跪立，上体侧屈。右腿跪立，左腿向左直膝点地，两臂上举（图2—137），上体最大限度地向左弯曲（图2—138）。

技术要点：以腰为轴，下肢相对固定，躯干充分弯曲。上体侧屈时，肩与腿在一个平面上，一侧肌肉收缩，另一侧肌肉尽量放松拉长，髋要正，重心在两腿上。

动作规格：幅度大、方向正。

图2—137/预备姿势

图2—138/单腿跪立体侧屈

九、波浪

波浪动作是指参加运动的身体各关节间的屈、伸，要按照顺序，呈依次连贯的推移运动。波浪动作包括手臂波浪和身体波浪。

（1）手臂波浪

手臂波浪是以举为起点，臂部各关节按照顺序做依次柔和的屈伸动作。有前下举波浪、前平举波浪、前上举波浪、侧下举波浪、侧平举波浪、侧上举波浪等，其幅度可大可小，两臂可同时进行，也可依次进行完成（以侧平举为例）。

预备姿势：自然站立，两臂侧平举。

动作过程：以肩带动肘，腕稍屈，手指放松下垂（图2—139），接着肩稍下压（图2—140），肘、腕、指各关节依次伸直（图2—141）至侧举（图2—142）。

技术要点：由肩部开始发力，使肘、腕、掌、指各关节屈至伸，形成依次连贯的推移运动。

动作规格：动作圆滑、连贯、舒展。

（2）身体波浪

身体波浪一般有躯干波浪和全身波浪。

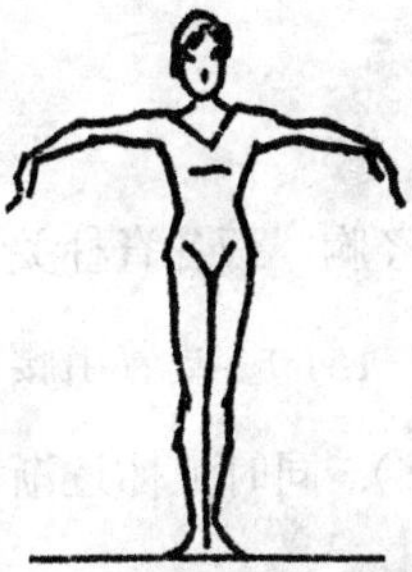
图2—139/以肩发力

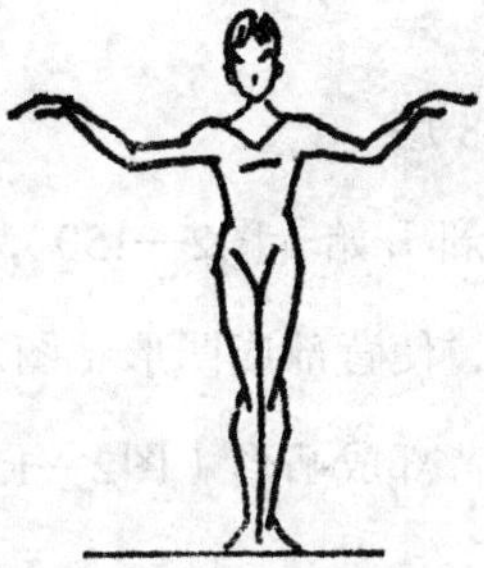
图2—140/肩下压

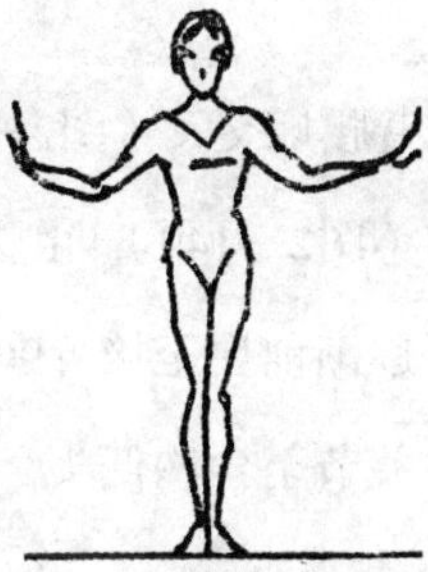
图2—141/肘腕指依次伸直

图2—142/至侧举

① 站立躯干波浪

预备姿势：自然站立，两臂后举。

动作过程：由腰骶部开始经胸、颈（图2—143）各脊柱关节依次向前挺身（图2—144），上体可逐渐前屈至90度，使背部成凹形（图2—145）。接着由腰开始经胸至颈依次弯曲各关节至含胸低头，使背部成凸形（图2—146），同时上体逐渐抬起（图2—147）。

图2—143/由腰骶部开始

图2—144/脊柱关节依次前挺

图2—145/体前屈

图2—146/腰部开始发力至含胸

图2—147/上体抬起

② 跪坐躯干波浪

预备姿势：跪坐，两臂腰后交叉（图2—148）。

动作过程：两臂后伸（图2—149），由腰骶部开始（图2—150），经胸、颈各脊柱关节依次向前挺身，上体可逐渐前屈至接近90度，使背部成凹形（图2—151）。接着由腰开始经胸至颈依次弯曲各关节至含胸低头，使背部成凸形（图2—152），同时上体逐渐抬起成跪坐（图2—153）。

技术要点：躯干各关节的屈伸要连贯，不断地依次推移过渡。

动作规格：幅度大，充分、圆滑、连贯。

图2—148/预备姿势

图2—149/两臂后伸

图2—150/由腰骶部开始

图2—151/背部成凹形

图2—152/背部成弓形

图2—153/成跪坐

（3）身体向前波浪

预备姿势：两脚并立提踵，两臂上举（图2—154）。

动作过程：半蹲，上体前屈，含胸低头（图2—155），从脚踝开始，同时两臂向下（图2—156），两脚经膝、髋、腰、胸、颈各关节依次向前上方伸展，同时两臂经后（图2—157）绕至后上举，下后腰（图2—158），成提踵立、两臂上举的姿势（同图2—154）。

技术要点：必须使参加运动的身体各关节按顺序依次进行弯曲和伸展，使波峰由下而上推移。

动作规格：幅度大、充分，动作连贯、柔和、圆滑，重心平稳。

图2—154/预备姿势

图2—155/半蹲低头含胸

图2—156/从脚踝开始

图2—157/各关节依次向前上方伸

图2—158/下后腰

④ 身体向后波浪

预备姿势：两脚提踵立，两臂上举（同图2—154）。

动作过程：从膝开始两臂向后（图2—159），经髋、腰、胸、颈各关节依次向前弯曲，两臂绕经下垂（图2—160），继续向前绕至低头含胸（图2—161），使背部成弓形（图2—162），成提踵立、两臂上举姿势（同图2—154）。

技术要点：必须使参加运动的身体各关节按顺序依次进行弯曲和伸展，使波峰由下而上推移。

动作规格：幅度大、充分，动作连贯、柔和、圆滑，重心平稳。

图2—159/从膝开始

图2—160/依次向前弯曲

图2—161/至低头含胸

图2—162/背部成弓形

⑤ 身体侧波浪

预备姿势：右脚站立，左脚侧点地，左臂前举，右臂斜前上举，身体稍向左侧屈（图2—163）。

动作过程：右腿稍屈（图2—164），经两腿半蹲（图2—165），向左侧移重心的同时做膝、髋、腰、胸、颈各关节的依次向左侧上挺伸，成左腿站立，右脚侧点地，上体稍右侧屈，同时两臂随着重心移动经下摆至左前上举（图2—166），然后反方向做。

技术要点：在身体侧移重心的同时，完成膝、髋、腰、胸各关节按顺序依次向侧上方伸展的动作。

动作规格：幅度大，充分，动作圆滑、连贯、协调。

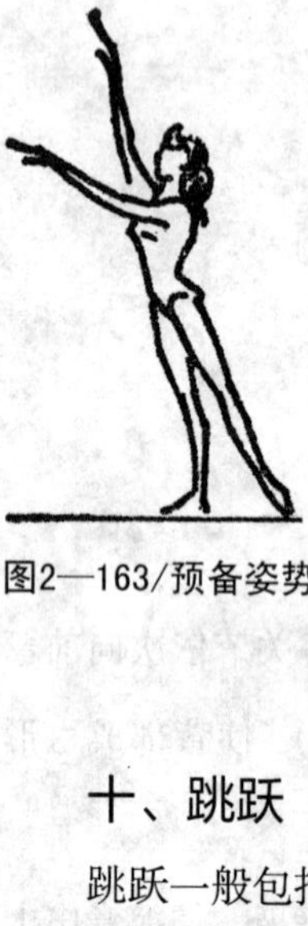
图2—163/预备姿势

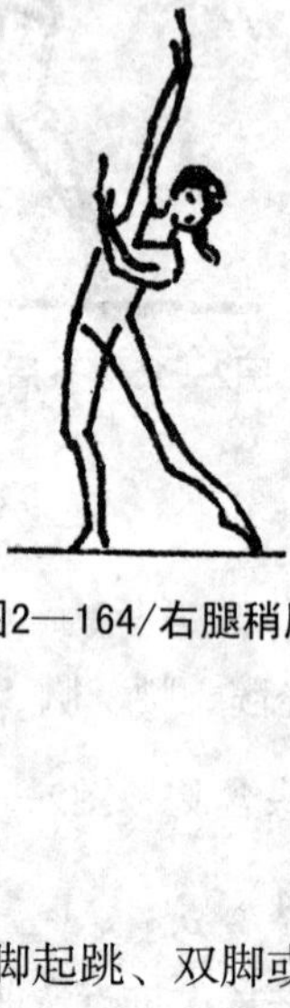
图2—164/右腿稍屈

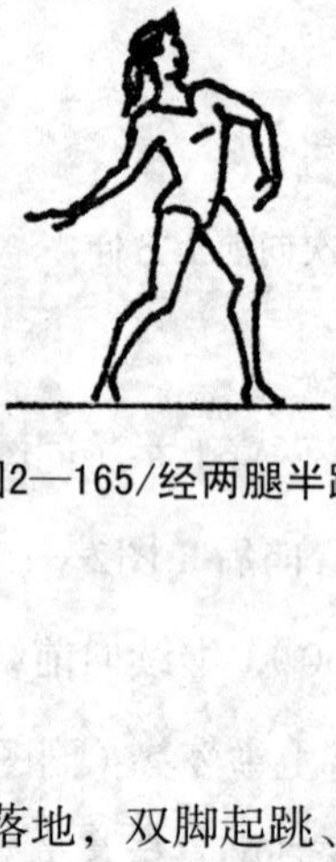
图2—165/经两腿半蹲

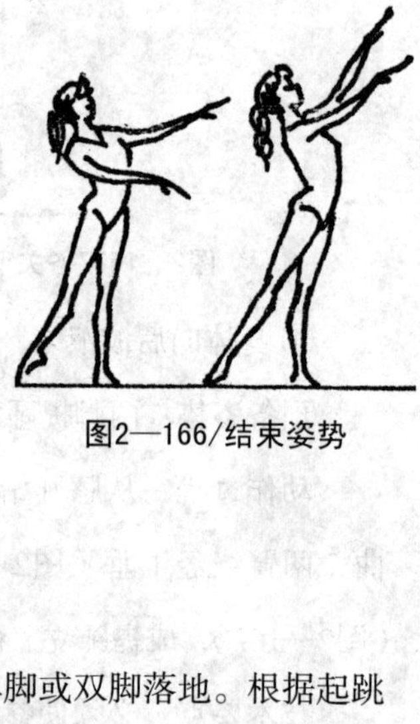
图2—166/结束姿势

十、跳跃

跳跃一般包括单脚起跳、双脚或单脚落地，双脚起跳、单脚或双脚落地。根据起跳腾空的高低和身体在空中的动作幅度大小，分为小跳、中跳和大跳等。可在原地、行进间或空中转体做。

（1）原地小跳

预备姿势：自然位站立，两手叉腰（图2—167）。

动作过程：两腿经半蹲（图2—168），蹬地跳起（图2—169），落地成自然位半蹲（同图2—168），接着再蹬地跳起，连续做，结束动作同预备姿势（同图2—167）。

技术要点：两脚掌用力蹬地，向上跳起，膝和脚面绷直，收腹立腰，臀部收紧，身体正直。前脚掌过渡至全脚掌柔和落地成半蹲，身体重心垂直上下起落。

动作规格：空中姿态准确，两腿绷直外开，动作轻盈、连贯，节奏鲜明。

图2—167/预备姿势

图2—168/经半蹲

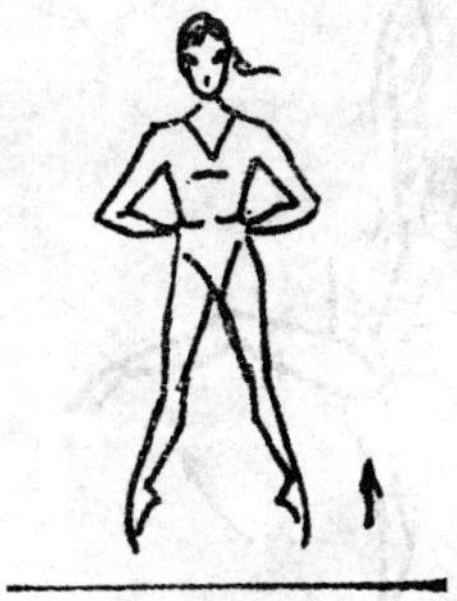

图2—169/跳起

图2—170/向前一步

图2—171/单腿起跳

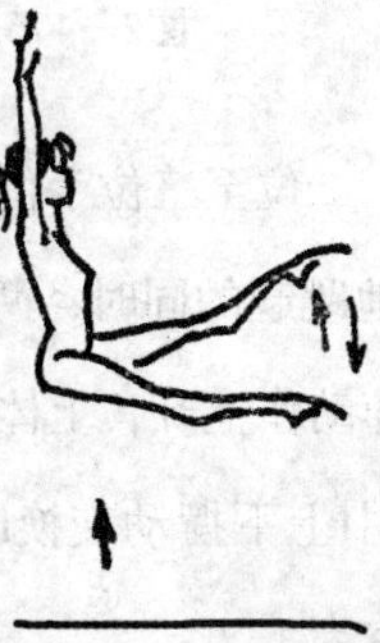

图2—172/空中交换腿

图2—173/单腿落地

（2）向前直膝交换腿跳

预备姿势：自然站立，两臂侧平举（同图2—79）。

动作过程：左脚向前一步（图2—170），单腿蹬地跳起，同时右腿伸直，向前上摆起（图2—171），接着左腿伸直摆起。左腿与右腿上下交换摆动（图2—172），右脚落地（图2—173），接着左腿落至前点地，同时两臂配合经一位、二位至三位手位，落地时两臂还原成侧平举。

技术要点：支撑腿蹬地跳起的同时，两腿向后依次用力向上摆起至最高点，两腿在空中迅速交换。身体重心随动作上升，上体正直，落地稍缓冲。

动作规格：两腿在空中上下摆动交换时，膝和脚面绷直，两腿摆起高度达90度以上，动作轻盈、连贯，腾空高。

（3）向前屈膝交换腿跳

预备姿势：自然站立，两臂侧平举（同图2—79）。

动作过程：左脚向前一步（同图2—170），蹬地跳起，同时右大腿稍高于水平，与小腿成钝角向前摆起（图2—174），接着左大腿稍高于水平，与小腿成钝角向前摆起。空中左腿与右腿上下交换摆动（图2—175），右脚落地（图2—176），接着左腿落至前点

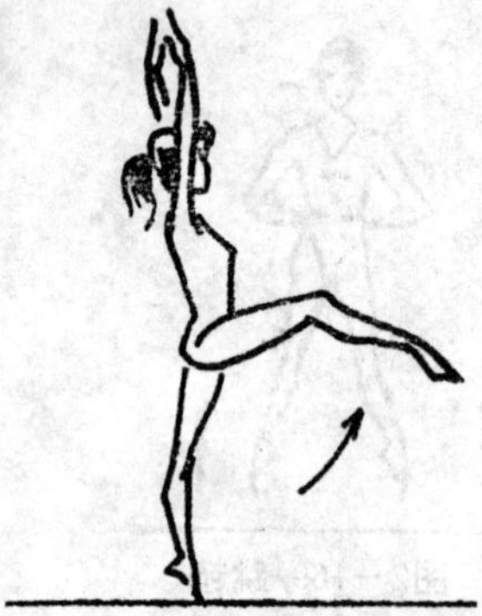
图2—174/单腿蹬地

图2—175/空中交换腿

图2—176/单腿落地

地，同时两臂配合经一位、二位至三位手位，落地时两臂还原成侧平举。

技术要点：支撑腿蹬地跳起的同时，两腿向后依次用力向上摆起至最高点，两腿在空中迅速交换，身体重心随动作上升，上体正直，落地稍缓冲。

动作规格：两腿在空中上下摆动交换时，膝和脚面绷直，两腿摆起高度达90°以上，动作轻盈、连贯、腾空高。

（4）向前吸腿跳

预备姿势：自然站立，两臂侧平举（同图2—79）

动作过程：左脚向前一步（图2—177），蹬地跳起，同时右腿屈膝前吸（脚掌内侧靠左膝），左臂摆至前上举，右臂后下举，抬头挺胸（图2—178）。

技术要点：向前上步后有力地蹬地跳起，摆动腿主动吸腿，同时收腹立腰，身体重心升高，充分挺胸抬头。

动作规格：腾空高，充分舒展。

（5）前摆转体180度

预备姿势：自然站立，两臂侧平举（同图2—79）。

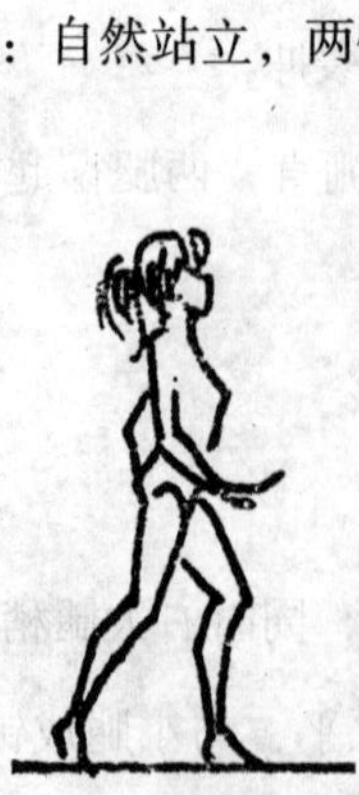
图2—177/向前一步

图2—178/空中吸腿

动作过程：左脚向前一步（图2—179），蹬地向上跳起，右腿伸直向前上方摆起，空中向左转体180度（图2—180），右腿后举，左脚落地，同时两臂经一位、三位至七位手位，缓冲。

技术要点：蹬地脚用力垂直向上跳起，同时摆动腿迅速向前上摆动，接近最高点时，以脚尖内转和头部转动带动髋及上体转动，上体保持正直。落地时，以前脚掌过渡至全脚掌缓冲着地，重心在支撑腿上。

动作规格：空中最高点完成转体动作，转体角度准确，后腿有一定高度，动作轻松、舒展。

图2—179/向前一步

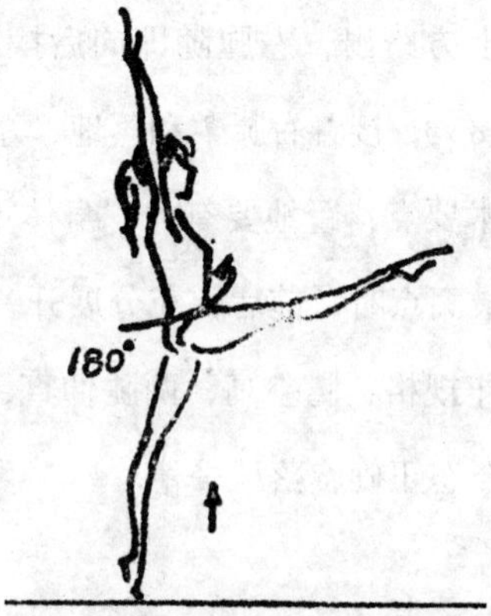

图2—180/单腿蹬地转体180°

（6）交换腿跳转180度

预备姿势：自然站立，两臂侧平举（同图2—79）。

动作过程：左脚向前一步（同图2—179），蹬地跳起，同时右腿向前摆起，空中向左转体180度（图2—181），左腿立即向后上摆起，空中迅速交换（图2—182），成右腿落地，左腿后举，两臂经体前摆至三位手位（同图2—183）。

图2—181/单腿蹬地

图2—182/空中交换腿

图2—183/单腿落地

技术要点：蹬地腿用力垂直向上跳起，同时摆动腿迅速向上摆起，当身体在空中接近最高点时，以脚尖内转和头部转动带动髋及上体转体180度，同时蹬地腿用力向后摆起，两腿快速交换，落地缓冲，重心在支撑腿上。

动作规格：腾空高，摆腿及转体方向准确。最高点完成两腿交换，两腿的夹角在90度以上，动作轻松、舒展。

（7）向前跨跳

预备姿势：自然站立，两臂侧平举（同图2—79）。

动作过程：左脚向前一步（同图2—179），蹬地起跳（图2—184），同时右腿伸直向前上方跨出，左腿随即向后摆起，空中两腿前后分开，同时左臂前举，右臂侧举（图2—185），接着右腿柔和落地，左腿保持后举。

技术要点：蹬地要有力，身体重心向上腾起，空中上体保持正直，收腹立腰，两腿在空中最高点时，前后腿充分展开。

动作规格：腾空高，两腿伸直，绷脚面，最高点时两腿开度接近180度，动作轻松、协调，姿态正确，落地平稳。

图2—184/蹬地起跳

图2—185/空中劈叉

十一、转体

转体一般是用单脚或双脚支撑，绕垂直轴进行旋转。根据旋转的周数，确定动作的难度。转体有原地、移动及空中等多种形式。此外，还有其他身体部位，如臀、膝、背、腹等支撑的转体。

（1）交叉转体270度

预备姿势：自然站立，两臂侧平举。

动作过程：右脚向左脚前侧交叉一小步，同时两脚提踵向左转体270度。转体时两臂上举至三位手位。

技术要点：转体时收腹立腰，两腿夹紧，以领肩摆臂带动身体转动，头随之迅速转动，目视前方。

动作规格：转动轴与地面垂直，提踵高，转体度数准确。

（2）平转

平转是通过两脚依次支撑来进行移动的转体。

预备姿势：右脚站立，左脚点地，目视左侧目标（图2—186）。

动作过程：右脚向前一步，以左脚前脚掌为轴（图2—187）向左转体180度（图2—188），同时右脚前脚掌向侧着地，保留头部不动，目视左侧目标。接着左脚后退一步，以右脚掌为轴向左转体180度，左脚前脚掌向侧落地，同时头部迅速向左转动（甩头），目视左侧目标（图2—189）。可连续做。

技术要点：身体重心依次在支撑腿上转换，身体正直，收腹立腰，两脚移动步幅不宜过大，头部转动（即留头与甩头）与转体动作要协调配合，两眼准确盯视目标。

动作规格：步幅均匀、快速、连贯，重心平稳，方向准确，头部有控制。

图2—186/目视目标 图2—187/以左脚掌为轴 图2—188/转体180° 图2—189/转体180° 目视目标

（3）单腿屈膝转体360度

预备姿势：右腿站立，左脚尖点地，两臂六位手位（图2—190）。

动作过程：左脚向前（侧）一步，重心移至左腿上（图2—191），经稍屈膝立即提踵向左转体360度，同时右腿由侧向左前摆至屈膝前举姿势，两臂经七位摆至三位手位（图2—192）。

技术要点：支撑腿伸直，提踵，以摆臂、领肩及摆动腿快速前摆举膝来带动身体转

图2—190/预备姿势

图2—191/向前一步

图2—192/单足转体

图2—193/单足转体

动。做时保持立腰，上体正直，重心在支撑腿上。

动作规格：身体纵轴垂直于地面，支撑腿提踵高，摆动腿，动大腿抬平，转体平稳，角度准确。

（4）单腿后举转体360度

预备姿势：右腿站立，左脚尖点地，两臂六位手位（同图2—190）。

动作过程：左脚向前（侧）一步，重心移至左腿上（同图2—191），经稍屈膝立即提踵向左转体360度，同时右腿伸直后举，左臂经前摆至斜上举，右臂后下举（图2—193）。

技术要点：支撑腿伸直，提踵，以摆臂、领肩带动身体转动。

动作规格：身体纵轴垂直于地面，支撑腿高提踵，立腰，抬头挺胸，后举腿方向准确，有高度，转体平稳。

十二、平衡

平衡动作是指以身体某一部分支撑于地面，控制身体重心，表现出某种动作姿态造型静止两秒的动作。一般是用单脚、单膝或臀部支撑在地面，配合手臂，躯干和腿的动作来构成平衡动作造型。

（1）屈膝前举腿平衡

预备姿势：自然站立，两臂侧举（同图2—79）。

动作过程：左腿站立，同时右腿屈膝前举，大腿不低于90度，大小腿成钝角，膝和脚面绷直向外，两臂成五位手位（图2—194），静止不动两秒。

技术要点：左腿充分伸直，重心控制在支撑腿上，收腹立腰，上体正直。

（2）侧举腿平衡

预备姿势：自然站立，两臂侧举（同图2—79）。

动作过程：左腿站立，右腿向侧上举起，同时右臂上举，左臂侧举（图2—195），保持两秒静止不动。

技术要点：右腿外旋向正侧上方举起，同时腰、腹、背肌群收紧，身体保持正直，重心控制在支撑腿上。

动作规格：姿态正确，动作平稳，侧举腿在90度以上。

（3）俯平衡

预备姿势：自然站立，两臂一位手位（同图2—18）。

动作过程：左腿站立，右腿伸直，挺胸，抬头，前俯，同时右腿向后上高举，用腰、背肌的力量及身体各部位协调用力来调节重心的稳定，使身体重心的垂直投影线落在支撑面内（图2—196），静止不动两秒。

动作规格：后腿高于头部，身体姿态准确。

图2—194/前举腿平衡

图2—195/侧举腿平衡

图2—196/俯平衡

十三、徒手练习的步骤

（1）脚的基本位置、腿的摆动、腿部绕环、腿部弹动、移重心、躯干波浪、单足转体、平衡、原地跳等动作，用双手或单手扶把杆或椅背上进行练习，掌握了动作技术后，再在场地中央进行练习。

（2）柔软步、足尖步、变换步、并步跳、弹簧步、滚动步、华尔兹等步伐，两手叉腰，以腿部动作技术的掌握为主进行练习，然后配合手臂进行练习。

（3）手臂摆动、躯干摆动、手臂绕环、躯干绕环、躯干弯曲、手臂波浪、身体波浪、跳跃等动作，应先从小幅度、慢动作开始练习，掌握了动作技术后，再进行大幅度、正常节奏的练习。

十四、徒手组合练习介绍

（1）柔软步组合

拍节：4×8

预备姿势：自然站立，两手叉腰（同图2—27）。

第一个八拍：

1—4左脚向前柔软步四步，同时上体向左扭转，右肩在前，抬头挺胸（图2—197）。

5—继续向前柔软步，同时右臂前举，左臂后举（图2—198）。

6—继续向前柔软步，同时两臂上举（图2—199）。

7—继续向前柔软步，两臂经上落下时手心向上，上体向右扭转，成左肩在前的左臂前举、右臂侧举的姿势（图2—200）。

8—继续向前柔软步，两臂下落（图2—201）

图2—197/1—4拍

图2—198/第5拍

图2—199/第6拍

图2—200/第7拍

图2—201/第8拍

第二个八拍：

1—4左脚开始向前柔软步四步，同时上体向右扭转，左肩在前，抬头挺胸（图2—202）。

5—继续向前柔软步，同时左臂前举，右臂侧举（图2—203）。

6—继续向前柔软步，同时两臂上举（图2—204）。

7—继续向前柔软步，两臂经上落下时手心向上，上体向左扭转，成右肩在前的右臂前举、左臂侧举的姿势（图2—205）。

8—继续向前柔软步，两臂下落（图2—206）

图2—202/1—4拍

图2—203/第5拍

图2—204/第6拍

图2—205/第7拍

图2—206/第8拍

第三个八拍：

1—4继续向前柔软步四步，同时右臂胸前平屈，手心向内，左臂斜后下举，抬头挺胸（图2—207）。

5—向前柔软步向右转体，同时右臂上举，左臂侧举，头稍向前屈（图2—208）

6—7继续柔软步转体，眼看右后方（图2—209）

8—完成右转一周，眼看前方（图2—210）。

图2—207/1—4拍

图2—208/第5拍

图2—209/第6—7拍

图2—210/第8拍

第四个八拍：

1—4继续向前柔软步四步，同时左臂胸前平屈，手心向内，右臂斜后下举，抬头挺胸（图2—211）。

5—向前柔软步向左转体，同时左臂上举，右臂侧举，头稍向前屈（图2—212）。

6—7继续柔软步转体，眼看左后方（图2—213）。

8—完成左转一周，眼看前方（图2—214）。

图2—211/1—4拍

图2—212/第5拍

图2—213/第6—7拍

图2—214/第8拍

（2）足尖步组合

拍节：4×8

预备姿势：双脚提踵站立，两臂自然下垂（图2—215）。

第一个八拍：

1—4左脚开始向前足尖步四步，同时右臂向右摆至侧举，接着落下还原，头随右手走（图2—216）。

5—8左脚开始向前足尖步四步，同时左臂向左摆至侧举，接着落下还原，头随左手走（图2—217）。

图2—215/预备姿势

图2—216/1—4拍

图2—217/5—8拍

第二个八拍：

1—2左脚开始向前足尖步两步，同时两臂向前摆至前平举（图2—218）。

3—4左脚开始向前足尖步两步，同时两臂落下还原（图2—219），眼随手走。

5—6左脚开始向前足尖步两步，同时两臂向侧摆至侧举（图2—220）。

7—8左脚开始向前足尖步两步，同时两臂落下还原，头随左手走（图2—221）。

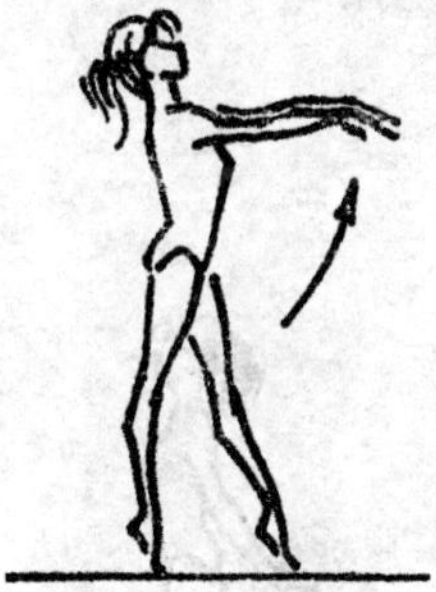
图2—218/1—2拍

图2—219/3—4拍

图2—220/5—6拍

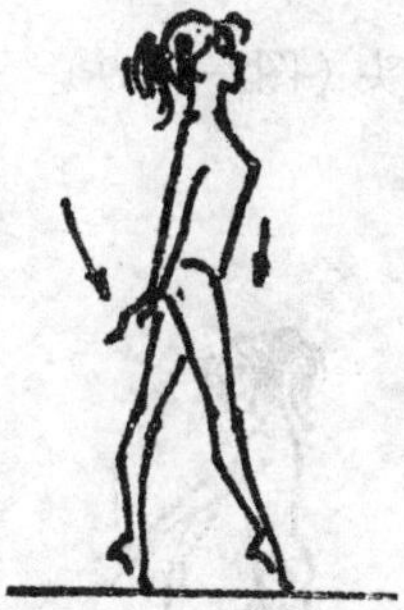
图2—221/7—8拍

第三个八拍：

1—左脚向前足尖步一步，同时右臂向前抬起，左臂自然下垂，（图2—222）。

2—右脚向前足尖步一步，同时右臂继续向上绕，左臂自然下垂，（图2—223）。

3—左脚向前足尖步一步，同时右臂继续向后绕，左臂自然下垂，（图2—224）。

4—右脚向前足尖步一步，同时右臂继续绕至自然下垂，左臂自然下垂，眼随右手走（图2—225）。

5—8继续向前足尖步四步，同时左臂向上绕环一周，右臂自然下垂，眼随左手走。

图2—222/第1拍

图2—223/第2拍

图2—224/第3拍

图2—225/第4拍

第四个八拍：

1—2左脚开始向前足尖步两步，同时两臂向上抬起（图2—226）。

3—4左脚开始向前足尖步两步，同时两臂继续向上绕（图2—227）。

5—6左脚开始向前足尖步两步，同时两臂继续向后绕（图2—228）。

7—8左脚开始向前足尖步两步，同时两臂继续绕至下垂，还原成预备姿势，挺胸抬头（图2—229）。

图2—226/1—2拍

图2—227/3—4拍

图2—228/5—6拍

图2—229/7—8拍

（3）变换步组合

拍节：8×8

预备姿势：自然站立，两臂侧平举（图2—230）。

第一个八拍：

1—右脚向前一步（图2—231），

2—左脚并右脚，同时两臂一位手位（图2—232），

3—4右脚向前一步，重心移至右脚上，左腿后点地，同时两臂经下摆至左臂前举，右臂侧平举（图2—233）。

5—8同1—4，但方向相反。

图2—230/预备姿势

图2—231/第1拍

图2—232/第2拍

图2—233/3—4拍

第二个八拍：

1—右脚向前一步，同时两臂侧平举（图2—234），

2—左脚并右脚，同时两臂一位手位（图2—235），

3—4右脚向前一步，重心移至右脚上，左腿后举，同时两臂经下摆至左臂前举，右臂侧平举（图2—236）。

5—8同1—4，但方向相反。

图2—234/第1拍

图2—235/第2拍

图2—236/3—4拍

第三个八拍：

1—右脚向右侧一步，同时两臂侧平举（图2—237），

2—左脚并右脚，同时两臂侧平举（图2—238），

3—4右脚向右侧一步，重心移至右脚上，左脚侧点地，同时右臂摆至前举，左臂摆至胸前平屈（图2—239），

5—8同1—4，但方向相反。

图2—237/第1拍

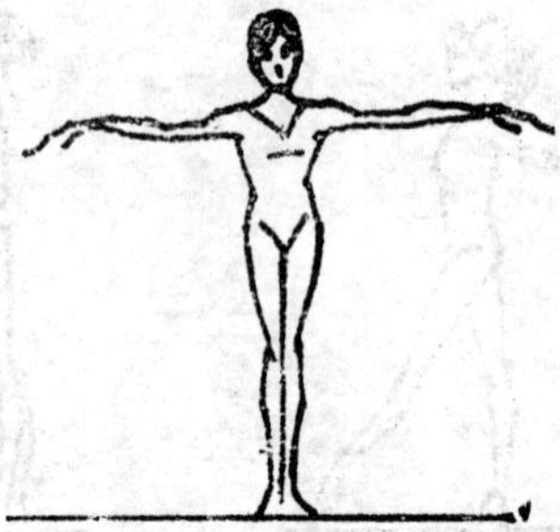
图2—238/第2拍

图2—239/3—4拍

第四个八拍：

1—右脚向右侧迈出，同时两臂侧平举（图2—240），

2—左脚并右脚（图2—241），

3—4右脚向右一步，重心移至右脚上，成右腿半蹲，左腿屈膝侧举，脚触右小腿，同时右臂手心向上，经侧绕至一位手位，左臂摆至上举，上体右侧屈，眼看右下方（图2—242）。

5—8同1—4，但方向相反。

图2—240/第1拍

图2—241/第2拍

图2—242/3—4拍

第五个八拍：

1—右脚向前一步，同时两臂侧平举（图2—243）。

2—左脚并右脚，同时一位手位（图2—244）。

3—4右脚向前一步，重心移至右脚上，左腿前举膝，同时右臂摆至前举，左臂摆至侧平举（图2—245）。

5—8同1—4，但方向相反。

图2—243/第1拍

图2—244/第2拍

图2—245/3—4拍

第六个八拍：

1—右脚向后退一步，同时两臂侧平举（图2—246），

2—左脚并右脚，同时两臂三位手（图2—247），

3—4右脚后退一步，重心移至右脚上，成右腿半蹲，左脚前点地，同时两臂向上交叉绕至右臂前下举，左臂后斜上举（图2—248）。

5—8同1—4，但方向相反。

图2—246/第1拍

图2—247/第2拍

图2—248/3—4拍

第七个八拍：

1—右脚向前一步，同时两臂一位手位（图2—249），

2—左脚蹬地空中并右脚，同时两臂一位手位（图2—250），

3—4右脚向前一步蹬地，左腿后举，同时两臂经下摆至左臂前举，右臂侧平举（图2—251）。

5—8同1—4，但动作方向相反。

图2—249/第1拍

图2—250/第2拍

图2—251/3—4拍

第八个八拍：

1—右脚向前一步，同时两臂侧平举，

2—左脚蹬地空中并右脚，同时两臂一位手位，

3—4右脚向前一步蹬地，左腿后举，同时两臂经下摆至左臂前举，右臂侧平举。

5—8左脚开始向前小跑三步（图2—252），成左腿站立，右腿后点地，同时两臂经下摆至右臂前上举，左臂斜后下举，抬头挺胸，眼看右手（图2—253）。

图2—252/5—7拍

图2—253/第8拍

（4）华尔兹步组合

节拍：4×8（三拍一个完整的华尔兹步，共做三十二个完整的华尔兹步）

预备姿势：双脚提踵站立，两臂侧平举（图2—254）。

第一个八拍：

向前华尔兹：

1—左脚向前一步（图2—255），2—3右脚开始向前两步，同时右臂向侧波浪一次，左臂侧平举，眼看右手（图2—256）。

2—右脚向前一步，2—3左脚开始向前两步，同时左臂向侧波浪一次右臂侧平举，眼看左手。

3—左脚向前一步，2—3右脚开始向前两步，同时右臂向侧波浪一次左臂侧平举，眼看右手。

4—右脚向前一步（图2—257），2—3左脚向前一步并向右转体180度（图2—258），同时三位手（图2—259）。

图2—254/预备姿势

图2—255/第1拍

图2—256/2—3拍

图2—257/第1拍

图2—258/第2拍

图2—259/第3拍

后退华尔兹:

5—右脚后退一步（图2—260），2—3左脚开始向后两步，同时两臂经前向右摆，上体稍向右侧屈（图2—261），眼看右手（图2—262）。

6—左脚后退一步，2—3右脚开始向后两步，同时两臂经前向左摆，上体稍向左侧屈，眼看左手。

7—右脚向后退一步，2—3左脚开始后退两步，同时两臂经前向右摆，上体稍向右侧屈，眼看右手。

8—左脚后退一步（图2—263），2—3右脚开始一步并向右转体180度（图2—264），同时两臂三位手位（图2—265）。

图2—260/第1拍

图2—261/第2拍

图2—262/第3拍

图2—263/第1拍

图2—264/第2拍

图2—265/第3拍

第二个八拍:

向侧华尔兹:

1—右脚向右一步（图2—266），2—3左脚开始向右两步，同时左臂经侧向右摆，上体稍向右侧屈（图2—267），眼看左手（图2—268）。

2—左脚向左一步，2—3右脚开始向左两步，同时右臂经侧向左摆，上体稍向左侧屈，眼看右手。

3—右脚向右一步（图2—269），2—3左脚向右一步并向右转体180度（图2—270），同时三位手位（图2—271）。

4—右脚向右一步，2—3左脚开始向右两步。同时左臂经侧向右摆，上体稍向右侧屈，眼看左手。

5—左脚向左一步，2—3右脚开始向左两步，同时右臂经侧向左摆，上体稍向左侧屈，眼看右手。

6—右脚向右一步，2—3左脚开始向右两步，同时左臂经侧向右摆，上体稍向右侧屈，眼看左手。

7—左脚向左一步，2—3右脚向左一步并向左转体180度，同时三位手位。

8—左脚向左一步，2—3右脚开始向右两步，同时右臂经侧向左摆，上体稍向左侧屈，眼看右手。

图2—266/第1拍

图2—267/第2拍

图2—268/第3拍

图2—269/第1拍

图2—270/第2拍

图2—271/第3拍

第三个八拍：

向前、向后跳的华尔兹：

1—右脚向右前方一步（图2—272），2—左脚向前一步（图2—273），3—并腿跳，同时右臂经下摆至前斜上举，左臂后斜下举，抬头挺胸，眼看右手（图2—274）。

2—左脚向左后方退一步（图2—275），2—右脚向后退一步（图2—276），3—并腿跳，同时左臂向上摆至后斜上举，右臂摆至前斜下举，稍低头含胸，眼看右手（图2—277）。

图2—272/第1拍

图2—273/第2拍

图2—274/第3拍

图2—275/第1拍

图2—276/第2拍

图2—277/第3拍

3—右脚向右前方一步，2—左脚向前一步，3—并腿跳，同时右臂经下摆至前斜上举，左臂后斜下举，抬头挺胸，眼看右手。

4—左脚向左后方退一步，2—右脚向后退一步，3—自然站立。

5—左脚向左前方一步，2—右脚向前一步，3—并腿跳，同时左臂经下摆至前斜上举，右臂后斜下举，抬头挺胸，眼看左手。

6—右脚向右后方退一步，2—左脚向后退一步，3—并腿跳，同时右臂向上摆至后斜上举，左臂摆至前斜下举，稍低头含胸，眼看左手。

7—左脚向左前方一步，2—右脚向前一步，3—并腿跳，同时左臂经下摆至前斜上举，右臂后斜下举，抬头挺胸，眼看左手。

8—右脚向右后方退一步，2—左脚向后退一步，3—并腿跳，同时右臂向上摆至后斜上举，左臂摆至前斜下举，稍低头含胸，眼看左手。

第四个八拍：

向侧华尔兹：

1—右脚向右侧一步（图2—278），2—左脚向右侧一步（图2—279），3——并腿跳，同时右臂侧平举，左臂摆至上举，手心向内。上体稍向右侧屈，挺胸抬头，眼看左手（图2—280）。

2—左脚向左侧一步，2—右脚向左侧一步，3——并腿跳，同时左臂侧平举，右臂摆至上举，手心向内。上体稍向左侧屈，挺胸抬头，眼看右手。

3—右脚向前一步，2—3左脚开始向前两步，同时左臂向下绕环至侧举，右臂侧举，上体稍向右侧屈，眼看右前方。

4—右脚向右前一步（图2—281），2—左脚向前一步，同时右臂向下绕环至侧举，左臂侧举，上体稍向左侧屈，眼看左前方（图2—282），3—右脚向前一步，两臂侧平举（图2—283）。

5—2—3右脚向前一步跳起，左腿后举，同时两臂经下摆至右臂上举，左臂斜后下举，挺胸抬头，眼看右手（图2—284）。

6—2—3、7—2—3左脚开始向前足尖小跑六步，同时两臂经下向前绕至前平举，眼看手（图2—285）。

8—左脚向前一步站立，右脚后点地，同时两臂以肘为轴向内绕环（图2—286），2—3两臂波浪至上举，挺胸抬头，眼看两手（图2—287）。

图2—278/第1拍

图2—279/第2拍

图2—280/第3拍

图2—281/第1拍

图2—282/第2拍

图2—283/第3拍

图2—284/1—3拍

图2—285/1—6拍

图2—286/第1拍

图2—287/2—3拍

（5）波浪组合

节拍：8×8

预备姿势：自然站立，两臂自然下垂（图2—288）。

第一个八拍：

1—身体向左侧含胸（图2—289）

2—小波浪一次，同时左臂向左弧形摆90度再还原，眼看左手（图2—290）。

3—身体向右侧含胸（图2—291）。

4—小波浪一次，同时右臂向右弧形摆90度再还原，眼看右手（图2—292）。

5—左脚向前一步成右后弓步，同时身体向右侧含胸，一位手位（图2—293）

6—身体向前波浪，同时两臂波浪，成左脚在前，右脚脚尖点地，左臂前平举，右臂侧平举（图2—294）。

7—右脚向前一步成左后弓步，同时身体向左侧含胸，一位手位。（图2—295）

8—身体向前波浪，同时两臂波浪，成右脚在前，左脚脚尖点地，左臂前平举，右臂侧平举（图2—296）。

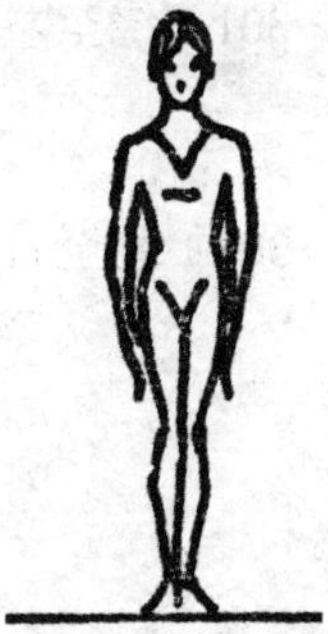
图2—288/预备姿势

图2—289/第1拍

图2—290/第2拍

图2—291/第3拍

图2—292/第4拍

图2—293/第5拍

图2—294/第6拍

图2—295/第7拍

图2—296/第8拍

第二个八拍：

1—左脚向前并右脚，两腿半蹲，同时两臂下摆（图2—297）。

2—两腿伸直（弹动一次），同时两臂摆至前举（图2—298）。

3—4同1—2。

5—7身体向前波浪，同时两臂向下、向后（图2—299）。

8—两臂继续绕至上举（图2—300）。

图2—297/第1拍

图2—298/第2拍

图2—299/5—7拍

图2—300/第8拍

第三个八拍：

1—4左脚向左侧一步，身体向左侧波浪，同时两臂向右经下（图2—301）绕至左侧前上举，左臂稍高，眼看左手（图2—302）。

5—8右脚向右侧一步，身体向右侧波浪，同时两臂向左经下（图2—303）绕至右侧前上举，右臂稍高，眼看右手（图2—304）。

图2—301/1—3拍

图2—302/第4拍

图2—303/5—6拍

图2—304/7—8拍

第四个八拍

1—左脚向前一步，右腿并于左腿（图2—305）。

2—身体向后波浪，同时两臂向后（图2—306）。

3—身体继续波浪，同时两臂继续绕至前下举（图2—307）。

4—成站立上举姿势（图2—308）。

5—提踵两臂上举（图2—309）。

6—7右腿下蹲，同时左腿向后伸，两臂向前落至左手于左侧撑地，右臂后上举，向右滚动一周，（图2—310）经右手撑地收腿（图2—311）。

8—成双腿跪立两臂侧平举（图2—312）。

图2—305/第1拍

图2—306/第2拍

图2—307/第3拍

图2—308/第4拍

图2—309/第5拍

图2—310/第6拍

图2—311/第7拍

图2—312/第8拍

第五个八拍：

1—上体前屈，含胸低头，同时两臂经下向前摆（图2—313）。

2—跪立同时两臂摆至上举（图2—314）。

3—4跪坐，同时右臂前上举，左臂撑地（图2—315）。

5—上体前屈，含胸低头，同时两臂经下向前摆（图2—316）。

6—跪立同时两臂摆至上举（图2—317）。

7—8左腿向左侧点地，同时两臂侧举，上体向左侧屈一次，头向左转，眼看左手（图2—318）。

图2—313/第1拍

图2—314/第2拍

图2—315/3—4拍

图2—316/第5拍

图2—317/第6拍

图2—318/7—8拍

第六个八拍：

1—2上体向左侧屈一次，同时两臂向侧波浪一次，眼看左手（图2—319）。

3—4左脚向前经右腿跪立，同时两臂侧下举，掌心向外，站立两腿交叉向右转体360度（图2—320）。

5—8原地向右足尖碎步转体360度，同时两臂依次向下、上摆动三次（右、左、右）（图2—321）。

图2—319/1—2拍

图2—320/3-4拍

图2—321/5-8拍

第七个八拍：

1—右脚向右侧一步，半蹲，左脚前点地，同时两臂经下摆至右前下举，手心相对，上体右侧屈，眼看两手（图2—322）。

2—4收左腿，成左脚在前的丁字步提踵站立，同时两臂上举，原地向左足尖碎步转体360度，同时两臂依次向下、上摆动三次（右、左、右）（图2—323）。

5—右脚向右侧一步，半蹲，左脚前点地，两臂经下摆至右前下举，手心相对，上体右侧屈，眼看两手（同图2—322）。

6—8向左足尖碎步移动，同时左臂向上绕至上举，右臂侧平举，眼看右手（图2—324）。

图2—322/第1拍

图2—323/2-4拍

图2—324/6-8拍

第八个八拍：

1—2向左转体45度并腿提踵站立，同时左臂前上举，右臂斜后下举（图2—325）。

3—4右脚向前一步，成弓步，同时右臂经下向前至前举，左臂斜后上举（图2—326）。

5—8右臂收至胸前平屈，右手触左上臂，上体稍向左侧屈，抬头挺胸，眼看左手（图2—327）。

图2—325/1-2拍

图2—326/3-4拍

图2—327/5-8拍

第二节 球的基本动作

球是常见的运动器械，弹性好，练习球的各种动作表现出圆润、流畅、柔和、优美的特点。

球的练习可分为在身体上滚动、拍球和抛接球三种。球在身上滚动的练习，要求练习者有良好的肌肉感觉，拍球、抛接球练习，要求练习者有准确的肌肉感觉。球的练习不仅能提高人体各种器官的功能，而且能提高人体协调性、灵活性、柔韧性和反应能力。

艺术体操中使用的球用塑料或橡胶制成，比一般的篮球、排球质地柔，球的直径为18厘米~20厘米，重量在400克以上。

一、持球的方法

（1）双手正托球

双手五指稍分开，手指微屈，手心向上托球，使手形与球形完全吻合（图2—328）。

（2）单手正托球

单手五指稍分开，手指微屈，手心向上托球，使手形与球形完全吻合（图2—329）。

（3）单手反托球

手臂伸直内旋，五指稍分开，手指微屈，手心向上托球，使手形与球形完全吻合，前臂不应触球（图2—330）。

（4）双手握球

双手掌心相对，握球的左右或上下两侧（图2—331）、（图2—332）。

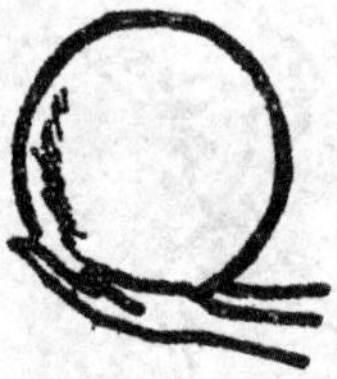

图2—328/双手托球

图2—329/单手托球

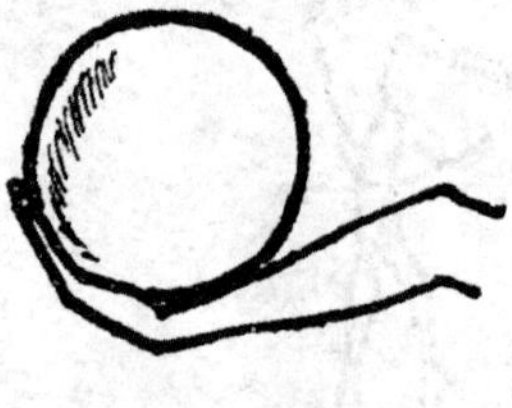

图2—330/单手反托球

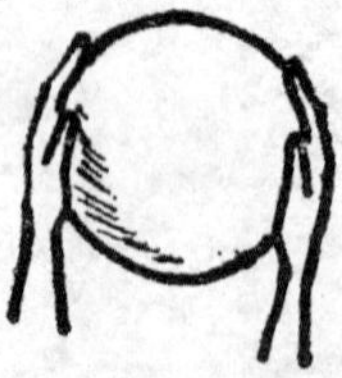

图2—331/双手左右握球

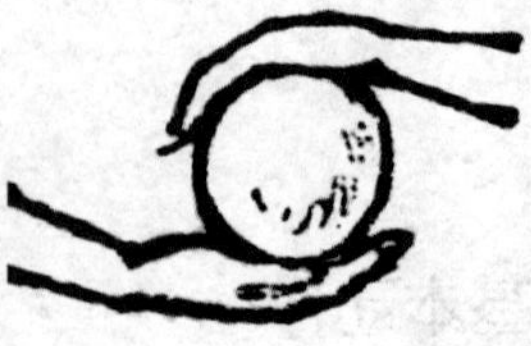

图2—332/双手上下握球

二、基本动作

（1）单手持球前后摆动

预备姿势：自然站立，双臂下垂，右手托球（图2—333）。

动作过程：左脚向前一步，重心移到前腿上，后脚点地，同时右手托球前摆（图2—334），随即向后移重心，右手经下后摆（图2—335）。

技术要点：直臂以肩为轴前后摆动，球摆向前后方时，手腕逐渐伸直，摆回体侧时手腕弯曲，保持手心向上，自然握球。

动作规格：握球自然，保持平稳，动作舒展。

图2—333/预备姿势

图2—334/向前摆

图2—335/向后摆

（2）单手持球水平摆动

预备姿势：自然站立，右手正托球，两臂侧举（图2—336）

动作过程：右手托球经前向左水平摆至左侧举（图2—337），再经前水平摆至右侧举（图2—338）。

技术要点：上体带动手臂，沿着水平面直臂左右水平摆动。

动作规格：握球自然，保持平稳，动作舒展。

图2—336/预备姿势

图2—337/向左摆

图2—338/向右摆

（3）单手持球体侧向前绕环

预备姿势：自然站立，右手持球，两臂自然下垂于体侧（同图2—333）。

动作过程：右手托球经前（图2—339）向上（图2—340），再向后（图2—341）绕环一周还原（同图2—333）。

技术要点：以肩为轴直臂绕环，保持手心向上托球，身体随之向右转动。

动作规格：动作伸展连贯，沿着矢状面绕环，握球自然。

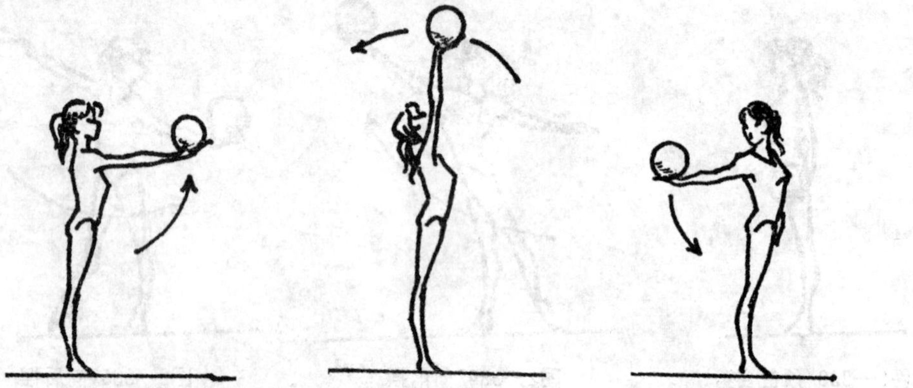

图2—339/经前　　图2—340/经上　　图2—341/经后

（4）双手持球向左螺形绕"∞"字

预备姿势：自然站立，两手左右握球上举（图2—342）。

动作过程：右脚向右一步，左腿半蹲，上体稍向右侧屈（图2—343），右腿并于左腿，半蹲，同时上体继续向右，稍含胸低头，两手握球绕至下方，两手握球在腹前逆时针方向绕一水平小圆（图2—344），随即绕至左上方（图2—345），经后向水平绕环成上举。

技术要点：腹前绕小圆时稍屈臂，并配合身体向右侧波浪动作，头上水平绕环时要直臂，并配合上体绕动。

动作规格：动作连贯、舒展。

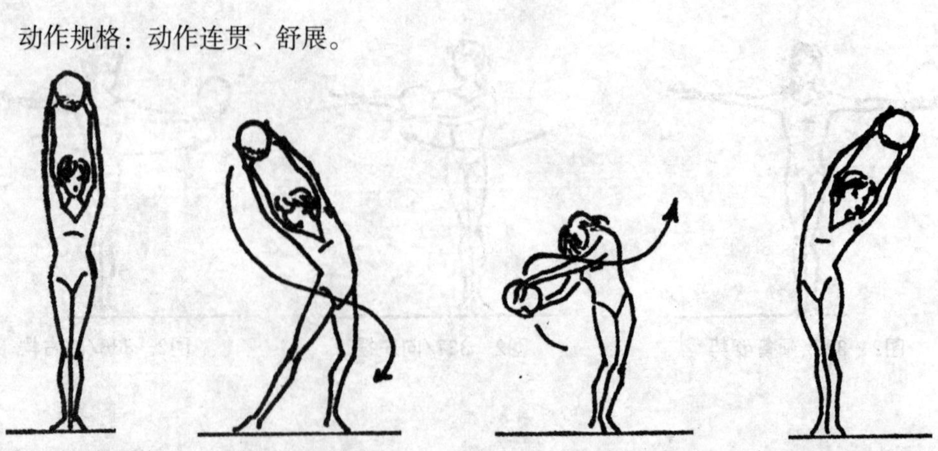

图2—342/预备姿势　　图2—343/从右　　图2—344/腹前逆时针方向　　图2—345/左上方

（5）单手向内螺形绕“∞”字

预备姿势：自然站立，右手正托球侧举（图2—346）

动作过程：上体稍右侧屈，右臂向下（图2—347），右臂经前向内屈肘绕一水平小圆（图2—348），至侧下举反托球（图2—349），同时半蹲，接着在头上向内绕一水平大圆（图2—350）至侧举，同时两腿伸直站立，左臂侧举（同图2—346）。

技术要点：以肘为轴屈臂绕小圆，以肩为轴直臂绕大圆，手掌始终朝上托球。

动作规格：动作连贯、舒展，握球自然。

图2—346/预备姿势

图2—347/右臂向下

图2—348/向内

图2—349/反托球

图2—350/向上

（6）单手向外螺形“∞”字

预备姿势：自然站立，右手正托球前举，左臂侧举（图2—351）。

动作过程：右手正托球由前举向外、向上（图2—352）在头上直臂水平绕大圆（图2—353）至侧下举反托球，两腿随之半蹲，接着屈肘经后向内绕小圆（图2—354）至侧举，两腿随之伸直起立，左臂侧举不动（同图2—346）。

图2—351/预备姿势

图2—352/向外、向上

图2—353/头上绕大圈

图2—354/反托球绕小圈

技术要点：向外绕大圆时，直臂以肩为轴，手臂尽量远伸；绕小圆时屈臂以肘为轴，保持手掌始终朝上托球。

动作规格：动作连贯、舒展，握球自然。

（7）原地单手拍接球

预备姿势：自然站立，右手正托球前举，左臂侧平举（同图2—351）。

动作过程：右手体前向下拍球，同时两腿弹动一次，左臂侧后举（图2—355），然后右手随球起，同时自然站立，右手沿着球外侧面绕至球的底部接球落下，左臂侧举（图2—356）。

技术要点：手臂自然弯曲，手腕伸直，前臂向下按压球，手形与球形要吻合，手随球动，球起人起。

动作规格：动作松弛而柔和，控制球好，拍球方向准确。

图2—355/弹动拍球

图2—356/接球

（8）单手连续拍球

预备姿势：自然站立，右臂手心向上托球。

动作过程：右手体前向下拍球，同时两腿弹动一次，左臂侧后举。用右手或左手体前再拍球一次，同时两腿弹动一次，然后右手沿着球外侧面转至球的底部接球并下落，左臂侧举。

技术要点：手臂自然弯曲，手腕伸直，小臂向下按压球，手型与球形要吻合，手随球动，球起人起，连续动作。

动作规格：动作连贯、松弛而柔和，控制好球，拍球方向准确。

（9）双手体前向前转动球

预备姿势：自然站立，两手胸前握球，右手手心握球上部，左手手背握球的底部（图2—357）。

动作过程：右手贴球向前滚动，经拇指滚至球的底部，成手背托球，同时左手贴球面向后滚动，经小指滚至球的上部，成手心握球（图2—358），连续进行。该动作可加身体波浪（图2—359）等练习。

技术要点：两肘抬平，手贴球面，手心、手背相互交替，转动时连贯用力。

动作规格：球转动平稳，速度均匀。

图2—357/预备姿势

图2—358/转动球

图2—359/转动球加身体波浪

（10）单手地上旋转球

预备姿势：右腿跪立，左腿半蹲，右手握球的下部，左臂侧上举（图3—360）。

动作过程：球置于右侧地上，右手置于球的上部拨转球（图2—361），向顺时针方向或逆时针方向旋转球（图2—362）。

技术要点：右手五指分开，贴于球的上部，拇指和其余四指相对用力，向顺时针或逆时针方向拨转球。

动作规格：球旋转速度快而平稳，支点固定。

图2—360/预备姿势

图2—361/拨球

图2—362/球转动

（11）向前地滚球

预备姿势：左腿站立，右腿屈膝后点地，右手正托球下举，左臂侧平举（图2—363）。

动作过程：半蹲，上体前屈，右手将球置于体侧地上做向前地滚球（图2—364），然后向前小跑四步（图2—365），成左腿半蹲，右腿屈膝后点地，右手掌心向上伸铲球（图2—366）。

技术要点：球触地，右手沿着地面向前推出，手指最后离球，接球时指尖迎着球滚来的方向铲球的底部，使球经手指滚至手掌。

动作规格：球在地上滚动圆滑，方向正，接球准确。

图2—363/预备姿势

图2—364/滚球

图2—365/小跑

图2—366/铲球

（12）手臂持球滚球

预备姿势：自然站立，两手左右握球前举（图2—367）。

动作过程：两手握球绕至左侧举，右手掌心向内扶球，沿着左臂内侧滚至胸前（图2—368）。换左手掌心向内扶球（图2—369），右臂侧举，使球触右臂内侧向右手滚动（图2—370），还原（图2—371）。

技术要点：手掌向内握球，使球紧贴另一臂，利用球与手臂内侧的摩擦力使球在扶持中滚动，手臂伴随着滚球。

动作规格：动作连贯、舒展，球的滚动明显。

图2—367/预备姿势

图2—368/左臂滚球

图2—369/换手

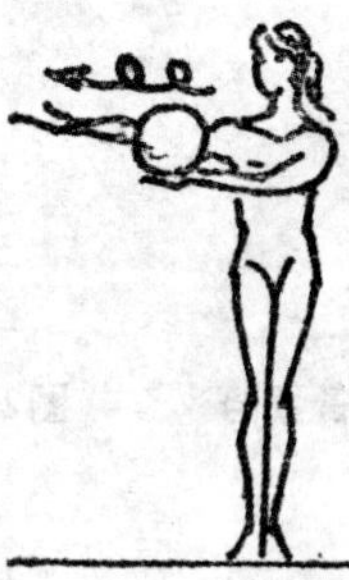
图2—370/右臂滚球

图2—371/结束姿势

（13）双手体前胸臂滚球

预备姿势：半蹲站立，稍含胸，双手腹前左右握球（图2—372）。

动作过程：两手扶球，沿着胸向上拨球，当球拨至胸的上部时，两腿伸直，挺胸抬头（图2—373），两臂经侧绕至前举，球沿着双臂滚（图2—374）至双手正托球（图2—375）。

技术要点：拨球时挺胸提肘，指尖最后离球，滚球时两臂伸直并靠近。

动作规格：动作舒展，球的滚动圆滑。

图2—372/预备姿势

图2—373/向上拨球

图2—374/沿双臂滚球

图2—375/双手托球

(14) 双手胸背滚球

预备姿势：自然站立，两手腹前左右握球（图2—376）。

动作过程：两手扶球，沿着胸、肩的右侧向上拨球，同时挺胸看球，稍向左偏头（图2—377），球经右肩滚至后背，两腿半蹲，双手于腰后部接球（图2—378）。

技术要点：拨球时挺胸提肘，指尖最后离球，利用拨球的惯性使球滚上右肩，当球滚至右肩后侧时，及时含胸弓背，双手背后接球。

动作规格：球的滚动圆滑并与身体的展、含动作配合协调。

图2—376/预备姿势

图2—377/向上拨球

图2—378/腰后部接球

(15) 单臂滚球

预备姿势：自然站立，右手正托球斜前上举，左臂侧后举（图2—379）。

动作过程：球经右臂向下滚动，左手胸前扶球并滚至左肩（图2—380）。

技术要点：右手直臂伸直时球向下滚动，滚至肘部时，右臂稍下落，减缓滚动的速度，同时挺胸迎球，左手及时胸前接球。

动作规格：动作伸直，球滚动圆滑。

图2—379/预备姿势

图2—380/结束姿势

(16) 双手抛接球

预备姿势：自然站立，双手体前正托球（图2—381）。

动作过程：两腿半蹲，同时两臂向下预摆，两腿蹬地的同时两臂向上摆，将球向上抛出（图2—382），接球后两臂下落，两腿半蹲（图2—383）。

技术要点：利用两腿蹬地的力量及向上方放松的直臂摆动抛球，球经指端出手，接球时直臂在前上方迎球，球经指端滚至手掌，手臂顺势下落缓冲。

动作规格：抛球动作舒展，接球柔和。

图2—381/预备姿势　图2—382/向上抛球　图2—383/接球

（17）单手向上抛接球

预备姿势：自然站立，右手体前正托球，左臂侧举。

技术要点：利用两腿蹬地的力量及向上方放松的直臂摆动抛球，球经指端出手，右手接球时直臂在前上方迎球，球经指端滚至手掌，手臂顺势下落缓冲，左臂保持侧平举。

动作规格：抛球动作舒展，接球准确、柔和。

（18）单手头上向侧抛接球

预备姿势：右弓步，右手正托球侧下举，左臂侧上举（图2—384）。

动作过程：向左并步的同时右手经侧向左上方抛球（图2—385）。左脚向左一步，成左弓步，同时左手体侧接球至侧下举，右臂侧上举（图2—386）。

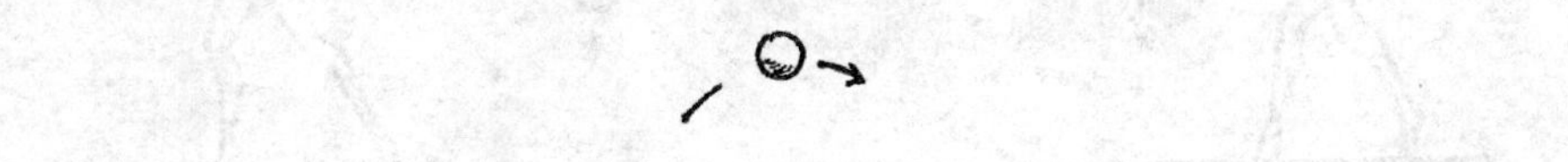

图2—384/预备姿势　图2—385/抛球　图2—386/接球

技术要点：利用右腿蹬地的力量，右臂直臂放松，向侧上方摆动抛球，球经指尖离手，球在头上弧形运行。接球时直臂在侧上方迎球，球经指尖滚至手掌并顺势下落缓冲。

动作规格：抛球动作舒展，接球准确、柔和。

三、练习步骤

（1）正托球，原地摆动练习，持球慢绕环完整练习，单手拍球练习，单手地上旋转球，抛接球练习。

（2）结合柔软步、弹簧步、并步跳、跳步、身体波浪、各种低姿势动作加球练习。

① 结合弹簧步、并步跳单手拍接球练习（图2—387）、大跨跳单手拍接球练习（图2—388）等动作单手拍接球练习。

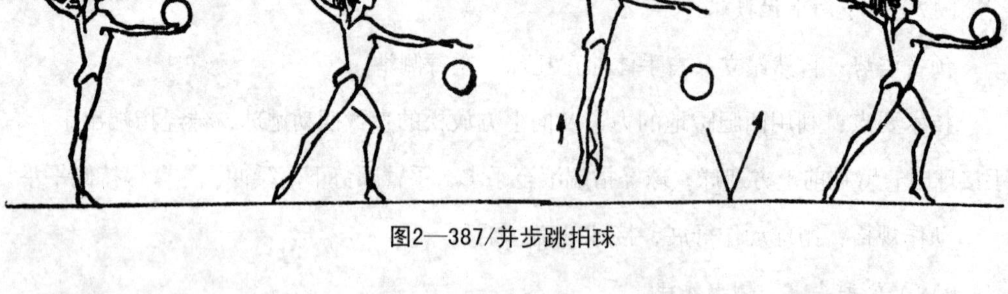

图2—387/并步跳拍球

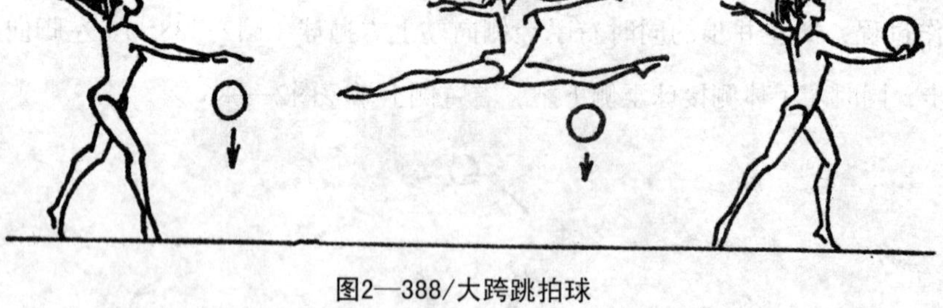

图2—388/大跨跳拍球

② 结合向前身体波浪等动作做双手体前转动球练习。

③ 结合各种低姿势的身体动作做旋转球练习，如半劈叉旋转球（图2—389）、跪立旋转球（图2—390）、单腿跪立下腰旋转球（图2—391）、单腿跪坐旋转球（图2—392）等。

④ 结合跳步等动作做向前地滚球练习（图2—393）

⑤ 结合跪立双手胸背滚球（图2—394）、平衡双手胸背滚球（图2—395）等动作做双手胸背滚球。

（3）根据以上单动作进行组合练习。

图2—389/半劈叉旋转球

图2—390/跪立旋转球

图2—391/单腿跪立下腰旋转球

图2—392/单腿跪坐旋转球

图2—393/地滚球结合跳步

图2—394/跪立胸背滚球

图2—395/平衡胸背滚球

第三节 圈的基本动作及呼啦圈基本动作

圈呈环形，用木材或塑料制成。圈的内径为80厘米~90厘米，重量至少300克。圈是一个很有锻炼价值的器械，它能培养练习者灵巧、速度、力量、协调等身体素质。

圈以身体为轴进行转动练习，就是我们俗称的呼啦圈练习，本节除了介绍艺术体操圈的练习方法之外，还将重点介绍圈的转动（呼啦圈）练习方法。

一、持圈方法

通常用拇指和四指相对握圈，一般握圈要松，便于灵活操控，但在做某些抛接或需要保持圈面准确的动作时，要紧握圈。

（1）正握圈

单手或双手虎口向内（图2—396）或向前握圈（图2—397）。

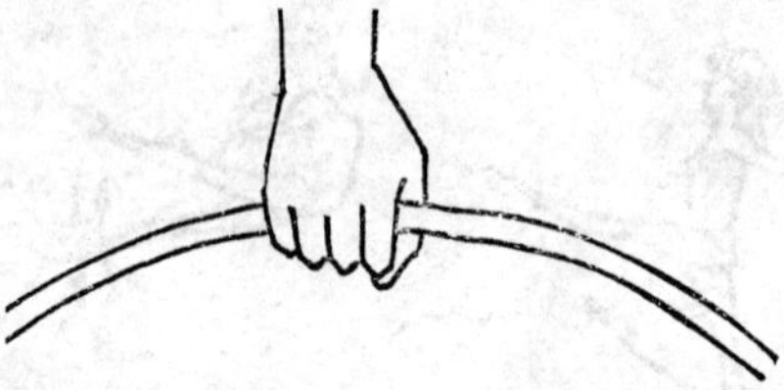

图2—396/正握圈

图2—397/正握圈

（2）反握圈

单手或双手虎口向外握圈（图2—398）。

（3）正反握

两手向不同方向，在不同位置握圈（图2—399）

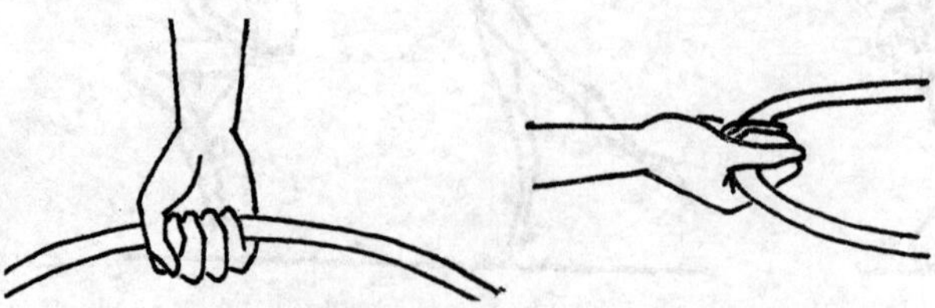

图2—398/反握圈

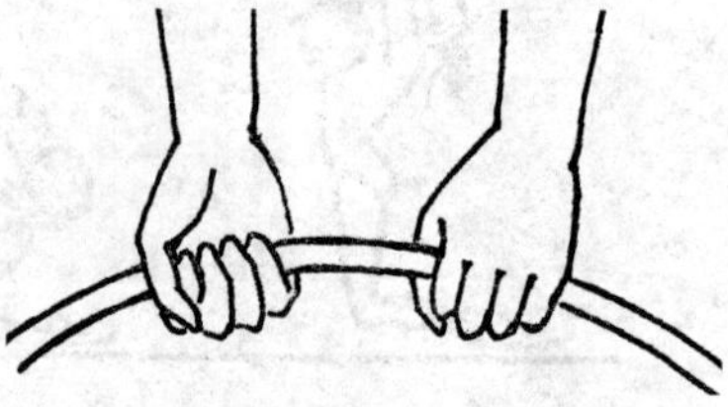

图2—399/正反握圈

（4）外侧握

双手从外握圈的侧缘（图2—400）。

（5）内侧握

双手从内握圈的侧缘（图2—401）。

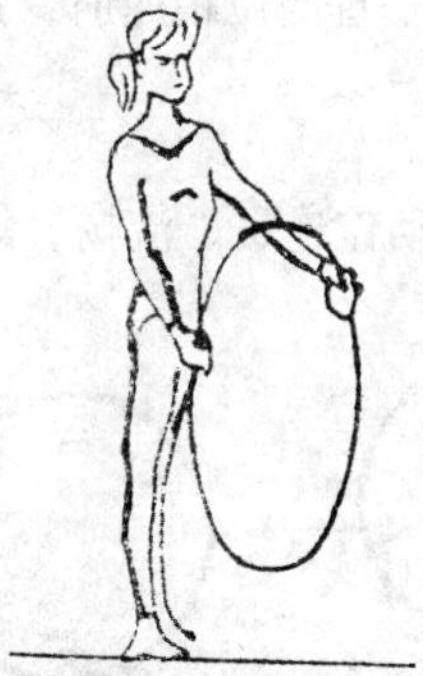

图2—400/外握圈

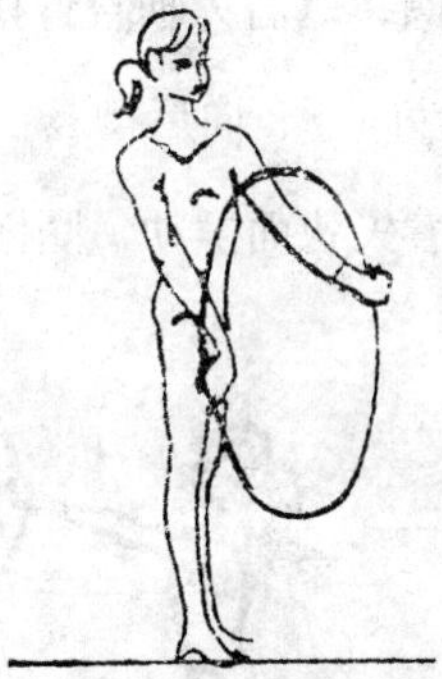

图2—401/内握圈

二、圈的基本动作

（1）单手持圈左右摆动

预备姿势：自然站立，右手手心向下握圈于右侧体前，圈触地与额状面平行（图2—402）。

动作过程：右手持圈于体前，经下向左摆至侧举（图2—403），然后经下向右摆至侧举（图2—404）。

技术要点：松握圈，以肩为轴直臂摆动，经垂直部位时稍屈肘，过垂直部位后用力向左或右摆。

动作规格：圈沿着额状面摆动，圈面平稳，动作连贯、流畅、舒展。

图2—402/预备姿势

图2—403/向左侧摆

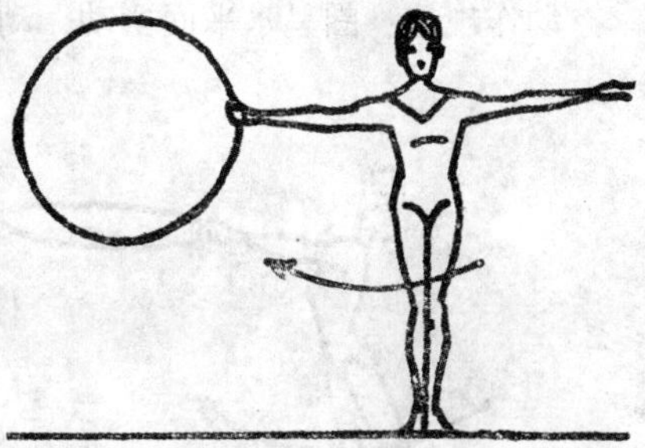

图2—404/向右侧摆

（2）单手持圈前后摆动

预备姿势：自然站立，右手手心向下握圈于体侧，圈触地与矢状面平行（图2—405）。

动作过程：右手持圈在体侧经下向前摆至前举，同时左臂经下摆至后举（图2—406），然后右臂再经下向后摆至后举，同时左臂经下摆至前举（图2—407）。

技术要点：松握圈，以肩为轴直臂摆动，经垂直部位稍屈肘，过垂直部位用力向前摆，回摆时，顺其惯性向下、向后摆。

动作规格：圈沿着矢状面摆动，圈面平稳，动作连贯、流畅、舒展。

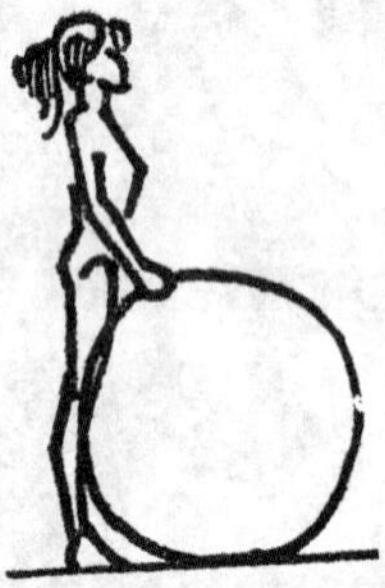
图2—405/预备姿势

图2—406/向前摆

图2—407/向后摆

（3）单手持圈左右水平摆动

预备姿势：自然站立，右手手心向下握圈于体侧，圈触地与矢状面平行（同图2—405）。

动作过程：右手持圈侧举，圈呈水平面，接着经前向左摆动至左侧举，上体稍向左转（图2—408），然后经前向右水平摆动至右侧举，同时上体稍向右转（图2—409）。

技术要点：紧握圈，控制好圈面，上体带动手臂，以一定的速度沿着水平面直臂摆动。

动作规格：圈呈水平面摆动，动作连贯、流畅、舒展。

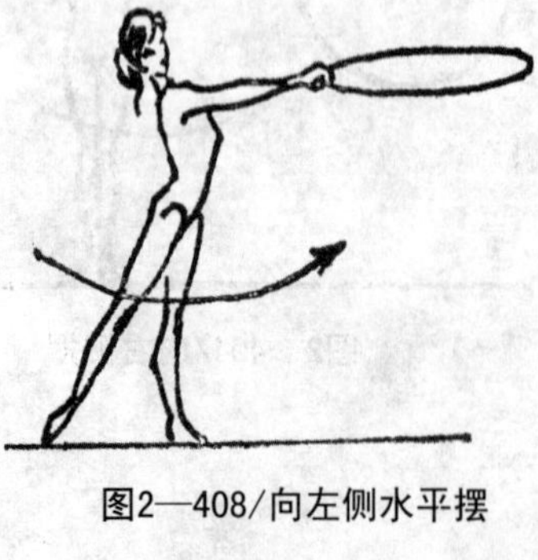
图2—408/向左侧水平摆

图2—409/向右侧水平摆

（4）头上腰部水平肩绕环

预备姿势：自然站立，双手正握圈，圈与水平面平行（图2—410）。

动作过程：右手手心向上持圈，圈呈水平，经前向右上方摆动，同时向外翻腕，在头上水平肩绕环（图2—411），并随之向内转肩、转腕，小臂内旋，掌心向上（图2—412），经前沿着同一方向在腰部做水平肩绕环（图2—413），同时在体后（图2—414）、体前左右手两次，换握（图2—415）至右手持圈侧平举（图2—416）。

技术要点：以肩为轴，手臂伸直，加大圈的摆动半径，并以一定的速度绕环，使圈保持水平，两次换握要及时、准确。

动作规格：圈在水平面上绕环，圈面平稳，动作连贯、流畅、圆滑。

图2—410/预备姿势

图2—411/头上水平绕

图2—412/小臂内旋掌心向上

图2—413/腰部水平绕

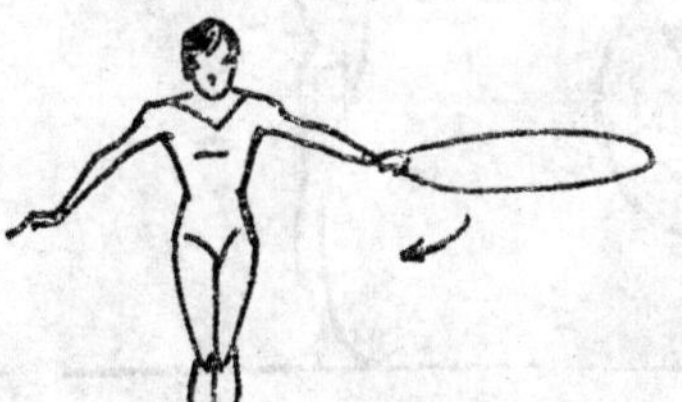
图2—414/经体后换手

图2—415/体前换手

图2—416/结束姿势

（5）单手持圈体侧绕“∞”字

预备姿势：自然站立，右手手心向内握圈前举，圈与矢状面平行（图2—417）。

动作过程：右手持圈，臂内旋，虎口向下，在身体左侧经下经左（图2—418）经上（图2—419）绕至前举（图2—420），接着（手心向上）在身体右侧经下向后绕（图2—421）至上举（图2—422）

技术要点：松握圈，以肩为轴绕环，向上摆动时用力，向下摆动时顺其惯性自然摆动，同时手腕灵活转动，带动圈面的转换。

动作规格：圈沿着矢状面绕环，圈面与地面垂直，两圆对称，动作连贯、流畅、舒展。

图2—417/预备姿势

图2—418/经下、经左

图2—419/经上

图2—420/前举

图2—421/经下向后

图2—422/上举

（6）单手持圈体前后绕“∞”字

预备姿势：自然站立，右手手心向前握圈侧平举（图2—423）。

动作过程：右手持圈向内转肩、转腕，虎口向下，在体前经下向左肩绕（图2—424）经上举（手心向后），（图2—425）。接着屈肘翻腕向左，前臂内旋，手心向上，以肘为轴（图2—426），在体后沿着相同方向做肘绕环（图2—427）至右侧平举（图2—428）。

技术要点：松握圈，体前肩绕环，以肩为轴，体后肘绕环，以肘为轴，从下向上摆

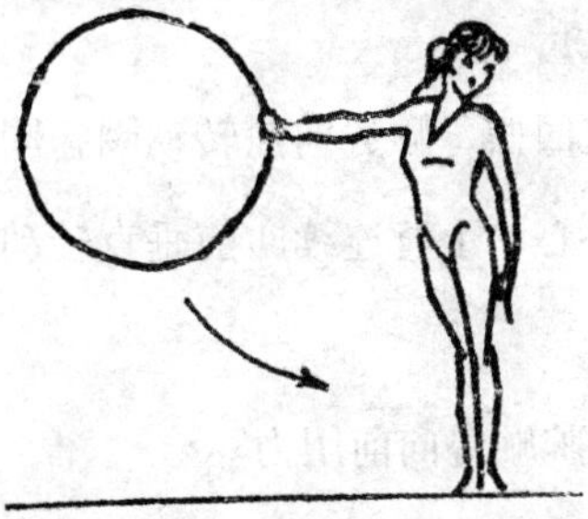

图2—423/预备姿势

图2—424/经下向上

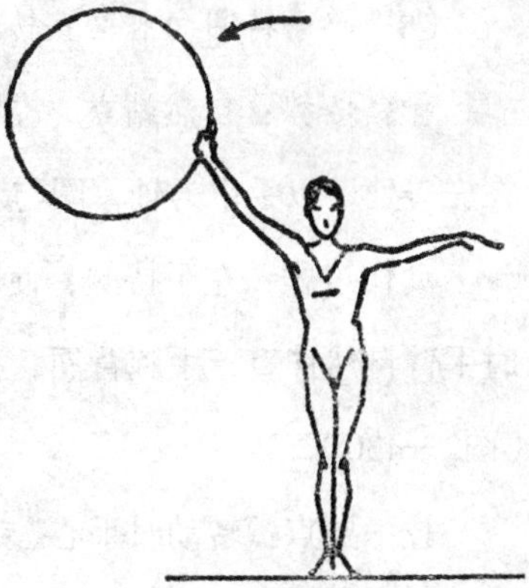

图2—425/经上

图2—426/翻腕向左

图2—427/体后向右

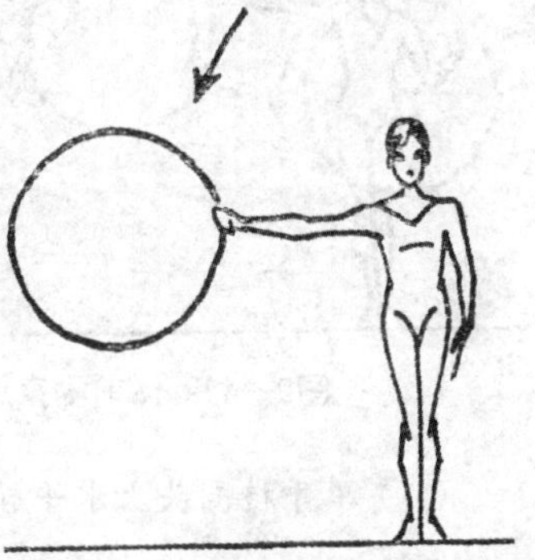

图2—428/向右结束姿势

肘用力，尽量伸直手臂，加大圈的摆幅。由上向下摆时，顺其惯性自然摆动，同时手腕灵活转动，带动圈自然转换。

动作规格：圈沿着额状面绕环，两圆平行，动作连贯、流畅、圆滑。

（7）单手持圈体前垂直转动

预备姿势：自然站立，左手手心向上握圈前举，大拇指与四指分开，四指并拢，圈在虎口处，以手掌为轴，圈与额状面平行。

动作过程：左手持圈，使圈的下端稍向右摆，接着快速回摆，顺势向内转动圈。圈以手为轴，绕手心、手背连续向内垂直转动（图2—429）。

技术要点：转动时手腕顺势用力，手心、手背紧贴圈内缘，同时手臂自然伸直，随之向内做小幅度绕动。

动作规格：圈与额状面平行转动，圈面平稳，动作连贯、圆滑，节奏稳定。

（8）单手持圈向前垂直转动

预备姿势：自然站立，左手手心向前握圈前举，大拇指与四指分开，四指并拢，圈在虎口处，以手掌为轴，圈与水平面平行。

动作过程：左手持圈，使圈的下端稍向前摆，接着快速回摆，顺势向前转动圈，同时手臂自然伸直，手腕背屈，指尖向侧，圈以手为轴，绕手心、手背连续向前垂直转动（图2—430）。

技术要点：转动时手心、手背贴紧圈的内缘，手臂、手腕顺势向前用力。

动作规格：圈与矢状面平行转动，圈面平稳，动作连贯、圆滑，节奏平稳。

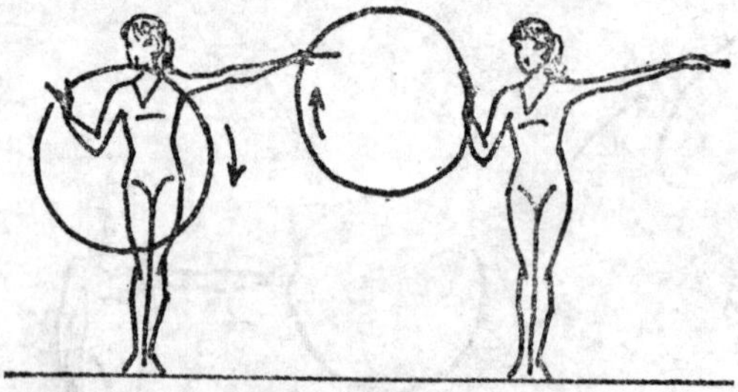
图2—429/体前垂直旋转

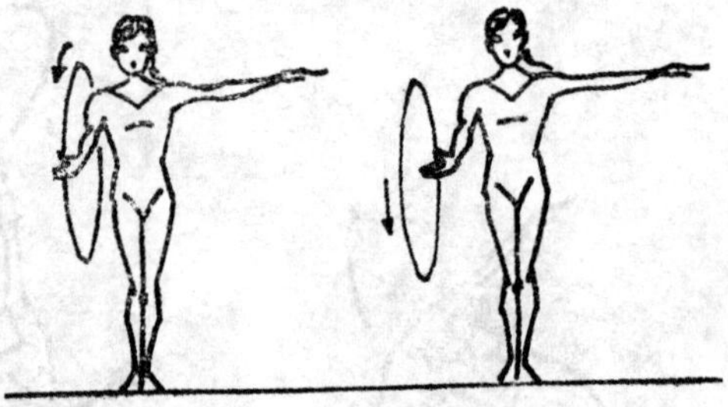
图2—430/体侧垂直旋转

（9）单手持圈头上水平转动

预备姿势：自然站立，右手手心向内握圈前举，大拇指与四指分开，四指并拢，圈在虎口处，以手掌为轴，圈与水平面平行。

动作过程：右手持圈向外翻腕，圈呈水平，向右摆至上举，手指伸直，手心向内，同时圈顺水平摆动惯性，绕手心、手背外连续转动（图2—431）。

技术要点：转动时手心、手背贴紧圈的内缘，手臂自然伸直，臂、腕顺势向外用力。

动作规格：圈在水平面上转动，圈面平稳，动作连贯、圆滑，节奏稳定。

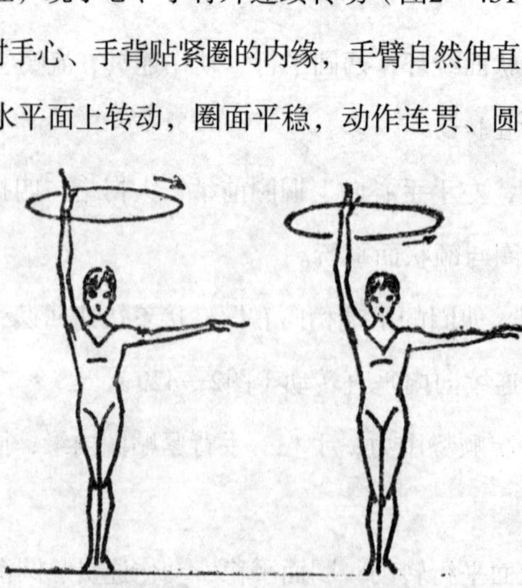
图2—431/头上水平旋转

（10）圈绕腰水平转动

预备姿势：自然站立，圈套在腰部，双手握圈外侧，圈与地面平行。

动作过程：双手持圈稍向右转，接着用力向左转动，圈顺惯性绕腰部连续水平转动，同时两手侧平举，然后用双手或单手握圈的外侧（图2—432）。

技术要点：以腰为轴，两手均匀用力转动圈，转时腰部贴紧圈的内缘，同时与髋随之协调配合。

动作规格：圈在水平面上转动，圈面平稳，动作连贯、圆滑，节奏稳定。

（11）圈绕踝关节跑跳水平转动

预备姿势：圈置于一脚脚面上，圈内缘紧贴于脚内踝，另一脚站在圈外。

动作过程：圈内脚面与圈外脚的脚后跟协调配合使圈启动，然后弧形小跑跳，使圈以脚踝为轴绕内踝外踝平行转动（图2—433）。

技术要点：以单脚脚踝为轴，圈内脚面与圈外脚的脚后跟协调配合使圈启动，转时内脚脚踝贴紧圈的内缘，同时与外脚协调配合。

动作规格：圈在水平面上转动，圈面平稳，动作连贯、圆滑，节奏稳定。

图2—432/腰部水平旋转

图2—433/脚踝部水平旋转

（12）仰（侧）卧圈绕踝关节转动

预备姿势：仰卧，单腿举，两手扶圈。

动作过程：双手持圈稍向右转，接着用力向左转动，圈顺惯性绕单脚踝连续水平转动（图2—434）或另一腿举起使圈绕两脚脚踝连续水平转动（图2—435），同时身体仰卧，两手置于体侧。侧卧，一腿举起使圈绕脚踝连续水平转动两手置于体前（图2—436），然后用双手或单手握圈的外侧。

技术要点：以脚踝为轴，两手均匀用力转动圈，转时脚踝贴紧圈的内缘。

动作规格：圈在水平面上转动，圈面平稳，动作连贯、圆滑，节奏稳定。

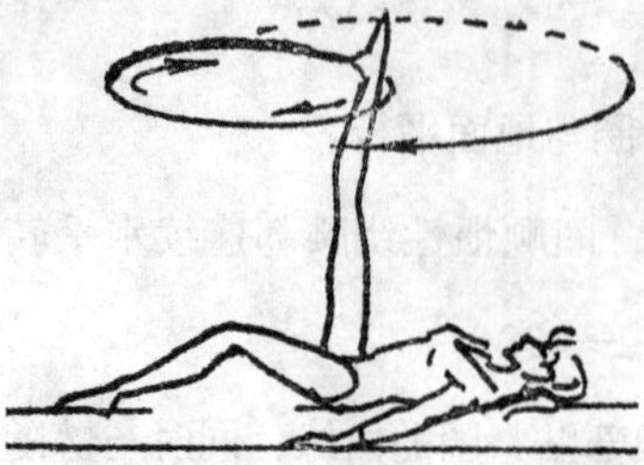

图2—434/仰卧单脚水平旋转

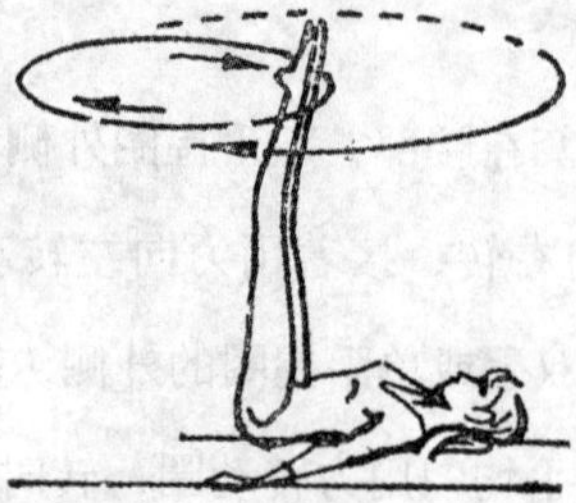

图2—435/仰卧双脚水平旋转

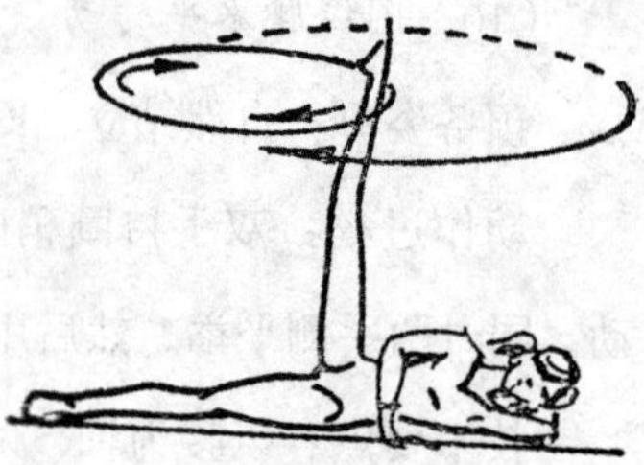

图2—436/侧卧单脚水平旋转

（13）单手持圈地上垂直旋转

预备姿势：自然站立，右手手心向下握圈上部，圈垂直置于地面，与矢状面平行（图2—437）。

动作过程：半蹲，五指握圈的上端，先向内拧圈约90度，然后用力向外拧圈（图2—438），圈在地上绕垂直轴自由旋转，站立，两臂侧举（图2—439），待圈旋转数周后，半蹲，右手握住圈的上部（图2—440）。

技术要点：拇指和四指方向均匀地向顺时针方向用力，同时使力作用于垂直轴上，使圈在一支点上向外垂直旋转。

动作规格：圈垂直于地面匀速旋转，旋转时不移位，不偏倒，不跳动。

图2—437/预备姿势

图2—438/半蹲拧圈

图2—439/站立圈旋转

图2—440/停圈

（14）单手持圈肩背滚动

预备姿势：自然站立，右手手心向内握圈，前上举，圈与矢状面平行，左臂侧平举（图2—441）。

动作过程：右臂屈肘前摆，翻腕挺胸，圈沿着右肩（图2—442）、背向下滚动，同时含胸，上体稍前倾，右手体后接圈（图2—443）。

技术要点：圈摆动时挺胸，滚动时含胸，在腰部接圈。

动作规格：圈与矢状面平行滚动，圈面平稳，动作连贯、圆滑。

图2—441/预备姿势

图2—442/经右肩滚圈

图2—443/接圈

（15）单手持圈地上直线向后滚动

预备姿势：自然站立，右手手心向下握圈，置于前侧地上，圈面与矢状面平行（图2—444）。

动作过程：食指在上，五指松握圈上部，用力向后拨圈（图2—445），圈向后滚动，接着向左转体180度（图2—446），向前足尖小跑，两臂侧平举（图2—447），然后左手握圈上部（图2—448）。

技术要点：右臂垂直向下、向后用力，使圈贴紧地面沿直线向后滚动。

动作规格：圈垂直于地面直线滚动，要连贯、圆滑。

图2—444/预备姿势

图2—445/向后拨圈

图2—446/转体180°

图2—447/足尖跑

图2—448/停圈

（16）跳过圈

预备姿势：自然站立，右手手心向下握圈，前下举，圈面与地面平行，上体稍向左转，左臂侧平举（图2—449）。

动作过程：右手持圈向下、后摆动，接近垂直部位时，右脚（图2—450）、左脚依次屈膝跳进圈（图2—451），圈沿着身体向上摆，接近腰水平部位时，左手握圈另一侧（图2—452），右手放下圈，圈向下摆动，接近垂直部位时，右脚、左脚依次屈膝跳出圈（图2—453），左手持圈向左摆动至水平（图2—454）。

技术要点：松握圈，以肘为轴摆动，手腕用力，使圈向上摆至腰水平部位，左手换握及时，圈摆动接近垂直部位时，两脚依次跳进、跳出。

动作规格：圈摆动自然、连贯，不触碰身体，跳跃动作轻松、准确，节奏清晰。

图2—449/预备姿势

图2—450/右脚抬起

图2—451/跳进圈

图2—452/准备换手

图2—453/跳出圈

图2—454/结束姿势

（17）单手持圈向下穿过身体，侧摆挺身跳出

预备姿势：自然站立，右手手心向下，屈肘握圈于体侧，圈面与矢状面平行（图2—455）。

动作过程：右手持圈经侧向上摆、翻腕（手心向外）（图2—456），圈在头上呈水平面，屈肘圈套头（图2—457），由上向下水平下落（图2—458），右臂伸直后即向右侧摆动，同时双脚跳起，身体右侧屈，挺身跳出（图2—459），落地，右手持圈侧摆（图2—460）。

技术要点：右侧向上摆时紧握圈，由上水平下落时松握圈，圈套至腰部时屈膝半蹲，圈接近地面时跳起。

动作规格：圈呈水平下落，不碰触身体，动作连贯、协调。

图2—455/预备姿势

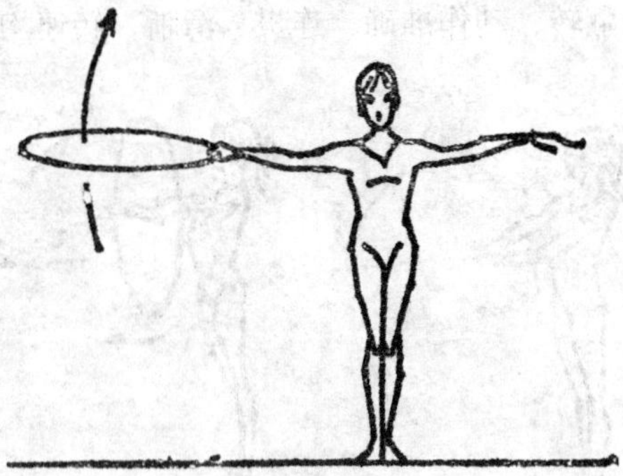
图2—456/水平向上

图2—457/屈肘圈套头

图2—458/向下落圈

图2—459/双脚跳出圈

图2—460/结束姿势

（18）双手持圈前摇跳

预备姿势：自然站立，双手手心向上握圈，后部前举，圈与地面平行。

动作过程：双手持圈经下向后摆动，接近垂直部位时，右脚、左脚依次屈膝跳过圈，两手持圈穿过身体，继续向上、向前摆动。

技术要点：松握圈，由前向后用力摆动和上臂屈伸摇圈。

动作规格：摇圈动作连贯、圆滑，跳跃轻巧、准确，手脚配合协调。

（19）双手持圈向上翻转抛接

预备姿势：自然站立，双手外侧握圈前举，圈与地面平行（图2—461）。

动作过程：两臂和手腕下沉，圈面向前倾斜，稍屈膝，接着两腿用力蹬地直膝立踵，同时两臂用力向上、向后翻转抛圈（图2—462），圈在体前上方空中绕横轴向后翻转半周或一周后（图2—463）两臂伸直，顺势接圈侧后部（图2—464）。

技术要点：松握圈，以肩为轴直臂向上摆动抛圈，同时两脚蹬地协同用力，出手（前方约45度角）前紧握圈，两手腕均匀用力向后翻转圈。

动作规格：圈绕横轴翻转，动作准确、连贯、清晰，转速均匀。

图2—461/预备姿势

图2—462/抛圈

图2—463/一周半

图2—464/接圈

（20）单手持圈垂直向上抛接

预备姿势：自然站立，右手手心向下握圈于体侧，圈面与矢状轴平行。

动作过程：右手屈肘持圈向后预摆，两腿屈膝，接着快速向前摆动，手臂逐渐伸直，过水平面后向上抛圈，同时两脚用力蹬地，直膝立踵，右臂前上举，圈落至体前上方时接圈，并随着持圈后摆。

技术要点：紧握圈直臂抛接。前摆过水平面后，踝、膝、髋关节充分伸直，同时臂、腕发力在前上方将圈抛出，圈下落至体前上方时，右手顺势握圈后下部。

动作规格：抛圈动作伸展，圈在空中飞行平稳，接时准确、自然。

三、练习步骤

1．绕“∞”、绕环，持圈肩背滚动等动作，从徒手模仿动作开始练习，体会动作。

2．摆动、转动、抛接等动作直接持圈开始练习。

3．当掌握了基本动作后，结合移重心、侧并步、变换步、跳步、转体等动作进行练习，提高动作难度。

Chapter 3 第三章 体操型形体训练法

体操型形体训练是通过徒手操、哑铃或在肋木、单杠、双杠、垫子上进行专门设计动作的练习，以发展各部位肌肉力量的能力，达到健美形体的目的。

第一节 徒手操基本动作

徒手操练习，是指练习者以上肢、下肢、躯干、颈部等不同环节为主，同时将身体的其他环节作为辅助部分，在完成动作过程中，培养练习者正确的肌肉用力方法及良好身体姿态的实用性练习。

一、徒手操练习的特点

（1）徒手操是准备活动的必备动作

徒手操是准备活动的必备动作，即通过徒手操的练习，使肩带肌、臂肌、腿肌、骨盆肌、颈部肌、背肌等身体各部分的肌肉和关节得到充分预热，预防肌肉拉伤。

（2）徒手操具有培养练习者自主控制肌肉能力的作用

徒手操通常采用人体单关节运动的屈、伸、转、外展、内收等体操动作——徒手体操动作练习，提醒练习者有意识地体验肌肉用力后的张力感、阻力感、持续感、和松弛感，以及关节运动的速度感和方向感。亦可使练习者在练习动作时，将注意力集中到单关节的肌肉群上进行反复练习，达到自主控制肌肉的能力。

（3）徒手操是发展身体素质最简易的方法之一

采用徒手操发展身体素质进行的动作练习，均是在准备活动动作的基础上逐渐复杂起来的。由此可见，徒手操是发展身体素质最简易的方法之一。

徒手操虽然动作简单，但却能做到使较多的肌肉群参加活动，一般包括肩带肌群和上臂肌群的练习、腹肌和背肌的练习、腿部肌群和骨盆底肌的练习等。

二、发展各部位肌群的徒手操练习

1. 臂肌和肩带肌群的练习

（1）耸肩沉肩

预备姿势：直立，两臂自然下垂。

动作：两肩同时耸肩（图3—1）和沉肩（图3—2）。

（2）两肩内收外展

预备姿势：直立，两臂自然下垂。

动作：两肩向前含胸（图3—3）和向后挺胸（图3—4）。

（3）两臂举

举包括前下举、前平举、前上举、侧平举、侧上举、上举、后举等不同部位的举。

举在在广播操中运用的很多，这里用案例的形式介绍几种特殊的“举”的练习。

① 侧上举

预备姿势：直立，侧上举掌心向前。

动作：两臂下落成侧平举，手握拳——上举成侧上举，五指分开掌心向前（图3—5）。

② 侧平举

预备姿势：直立，侧平举，掌心向前。

动作：两臂自然向前交叉，并围抱上体，使两手触肩胛，然后两臂反方向运动成侧平举（图3—6）。

图3—1/耸肩

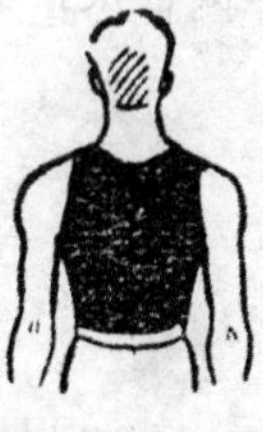
图3—2/沉肩

图3—3/含胸

图3—4/挺胸

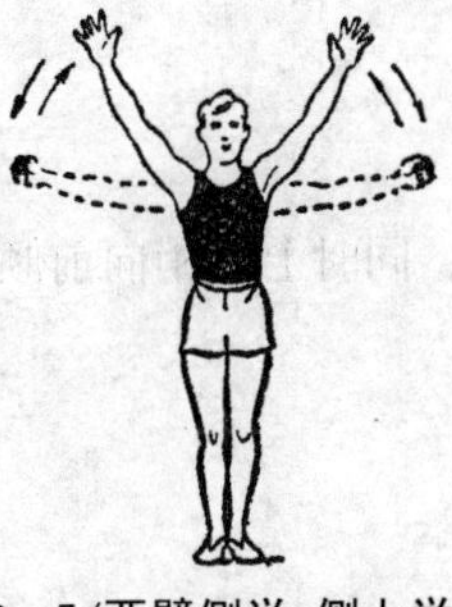
图3—5/两臂侧举-侧上举

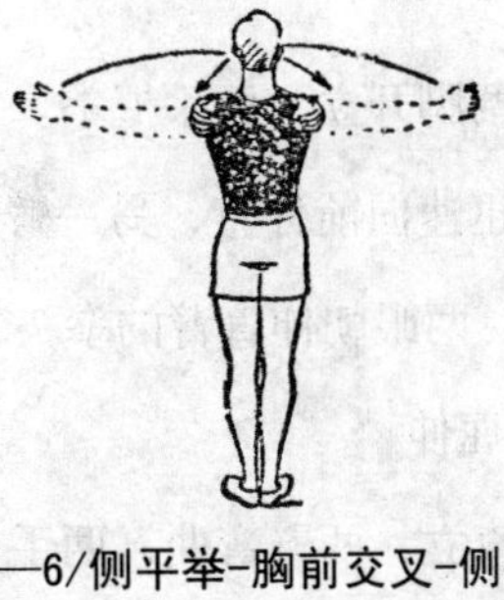
图3—6/侧平举-胸前交叉-侧平举

③ 两臂前举

预备姿势：任意站立，两臂前举，掌心向下。

动作：两臂向前下方和前上方摆动（图3—7）。

④ 两臂上举、下举摆动

预备姿势：直立，两臂上举。

动作：两腿半蹲，上体前倾，同时两臂经前举向下摆至后举，然后经前举摆至上举（图3—8）。

⑤ 后举

预备姿势：直立，两手在背后十指交叉握（图3—9）。

动作：手指不分开，两臂稍稍弹动后引（图3—10）。

图3—7/两臂前举

图3—8/两臂摆动

图3—9/双手体后交叉

图3—10/两臂弹动后引

⑥ 双手背后相握

预备姿势：开立，两臂侧平举。

动作：一臂上举，另一臂下落并放在背后，两臂尽量弯曲，十指力求在背后相握（图3—11）。

⑦ 双臂上下摆动

预备姿势：前弓步，一臂后举，一臂上举。

动作：两臂相对迅速摆动练习，每次摆动结束时做急振动作（图3—12）。

⑧ 冲拳

预备姿势：两脚开立，两手握拳。

动作：一臂迅速向前伸直，另一臂屈肘尽量后引，同时上体稍向前倾，并向伸直臂相反的一侧运动，两眼朝伸直臂的拳头看去（图3—13）。

⑨ 前臂内旋屈伸

预备姿势：直立，两臂弯曲，两手握拳。

动作：两肘抬起，两臂以中等弧度迅速向下成侧平举（图3—14）。

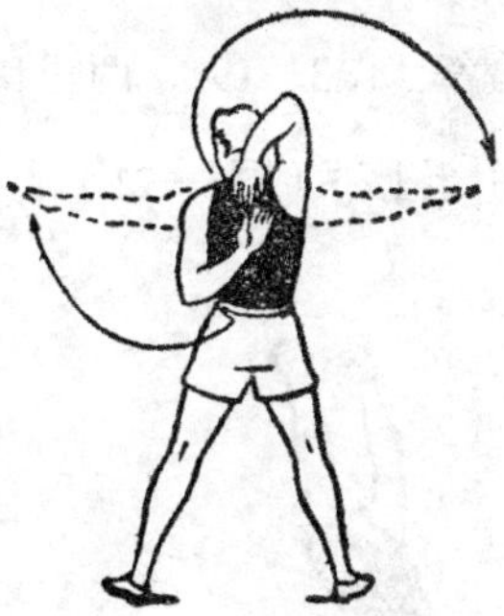

图3—11/十指背后相握

图3—12/摆臂急振

图3—13/一臂前伸另一臂仍屈肘后引

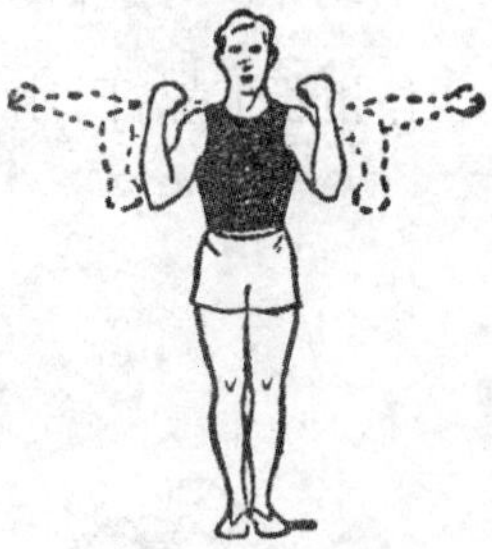

图3—14/经抬肘成侧平举

⑩ 侧举前臂屈伸

预备姿势：直立，两臂自然下垂。

动作：两臂用力慢慢侧举，掌心向后，随后前臂放松下落并摆动，然后前臂侧举，两臂自然放下（图3—15）。

（4）臂绕环

① 肩绕环

预备姿势：两脚开立，两臂侧屈，两手触肩。

动作：两手不离肩，弯曲的两臂同时或轮流向后或向前绕环（图3—16）。

② 前臂绕环

预备姿势：任意站立，两臂侧平举。

动作：前臂用力，同时迅速向后或向前做绕环（图3—17）。

（5）体侧屈

预备姿势：直立，两臂侧平举，掌心向上。

动作：上体右屈，同时左前臂弯曲，手触肩，还原，然后反方向做（图3—18）。

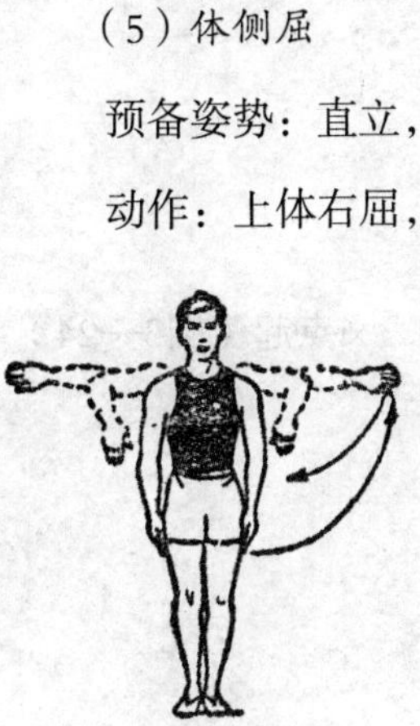

图3—15/侧举前臂屈伸

图3—16/肩绕环

图3—17/前臂绕环

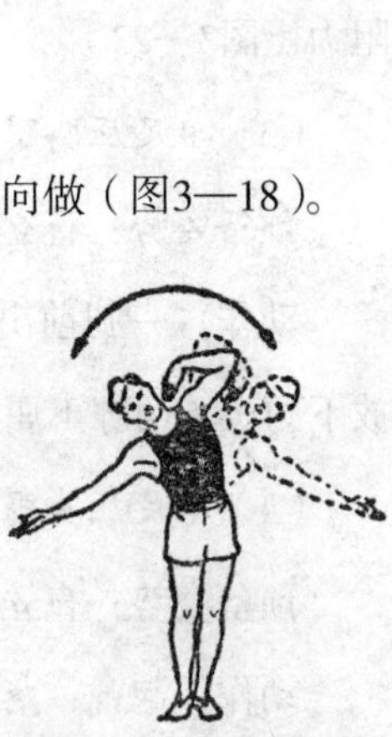

图3—18/上体右屈同时左前臂弯曲手触肩

（6）身体波浪练习

预备姿势：两脚开立，两臂自然下垂。

动作：两腿半蹲，上体含胸稍向前倾，两臂自然下垂，两手握拳（图3—19），两腿和上体相继伸直，同时两臂弯曲（图3—20），头后仰，两臂尽量向后引至上举（图3—21）。

图3—19/预备姿势

图3—20/两腿和上体相继伸直，同时两臂弯曲

图3—21/头后仰两臂向后引至上举

2. 腿肌和骨盆肌的练习

（1）勾绷脚

预备姿势：一腿站立，另一腿前举，两手叉腰。

动作：前举腿屈伸——脚尖向下绷直，然后向上勾脚（图3—22）。

（2）脚绕环

预备姿势：并腿坐，上体前屈，两手握脚尖。

动作：脚尖向外侧分开，直至脚掌外缘触地，然后脚尖并拢，并在并拢时两手给以阻力（图3—23）。

（3）单足压脚跟

预备姿势：直立，两臂侧平举。

动作：一腿前出，脚尖点地，然后脚掌放下，成全脚掌着地，又点起（图3—24），放下两次（两膝不屈，仅靠踝关节活动），然后换腿练习。

（4）双足压脚跟

预备姿势：直立，两手叉腰。

动作：起踵，落踵（图3—25）连续做。

图3—22/勾绷脚

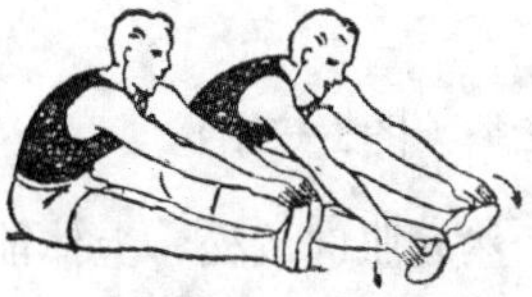

图3—23/脚绕环

图3—24/单足压脚跟

图3—25/双足压脚跟

（5）膝绕环

预备姿势：两脚并拢，两臂侧平举。

动作：半蹲，两膝并拢绕环（图3—26）。

（6）高抬腿

预备姿势：右腿站立，左腿后出，脚尖点地，两臂前举。

动作：上体稍前屈，左腿迅速向前屈膝举起，使左膝触及上臂（图3—27）。

（7）前踢腿

预备姿势：左腿站立，右腿后出，脚尖点地，两臂斜前举，掌心向下。

动作：右腿向前踢起，使脚尖触及左手（图3—28），然后换腿做。

（8）前弓步压腿

预备姿势：前腿弯曲，后腿伸直，脚尖点地，两手叉腰。

动作：前屈腿弹动下蹲，后腿尽量向后移动（图3—29）。

图3—26/膝绕环

图3—27/高抬腿

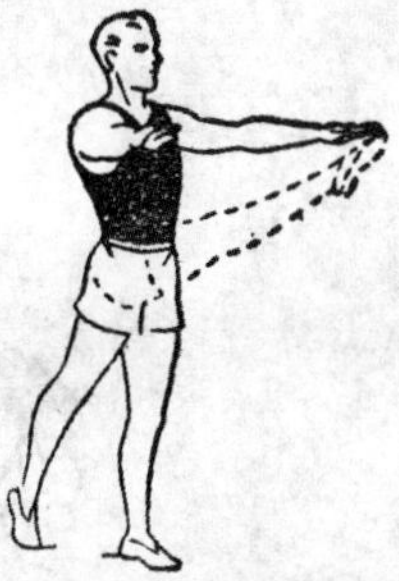

图3—28/前踢腿

图3—29/前弓步压腿

（9）开立体前屈练习一

预备姿势：两脚开立，比肩宽，两臂侧平举。

动作：上体前屈，双手触摸左脚，然后触摸右脚（图3—30）。

（10）开立体前屈

预备姿势：两脚开立，比肩宽，两臂前平举（图3—31）。

动作：两臂用力向两侧分开（图3—32），然后肌肉放松，上体前屈，两臂自然放下（图3—33）。上体前屈时，两臂要加做自然摆动的动作。

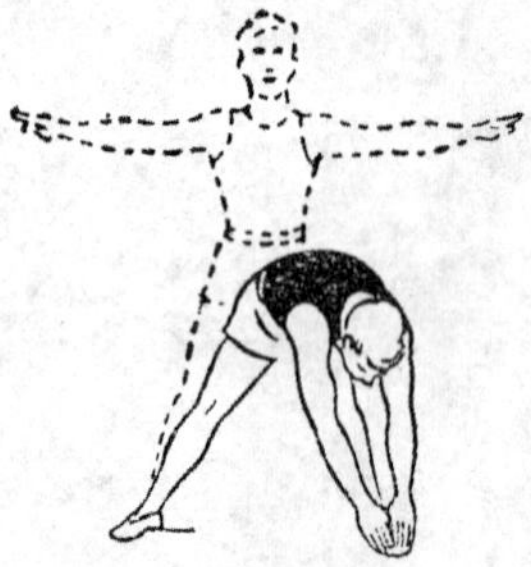

图3—30/开立体前屈

图3—31/预备姿势

图3—32/用力分开成侧平举

图3—33/体前屈

（11）开立体前屈练习二

预备姿势：两脚开立，比肩宽，两臂上举，十指交叉握（图3—34）。

动作：上体稍向后仰，腿不弯曲，上体迅速前屈，同时两臂在两腿之间尽量向后伸出（图3—35）。

（12）并立体前屈

预备姿势：两脚并立，两臂自然下垂。

动作：上体弹动前屈二三次，使手掌在脚尖附近触地（图3—36）。

图3—34/预备姿势

图3—35/体前屈

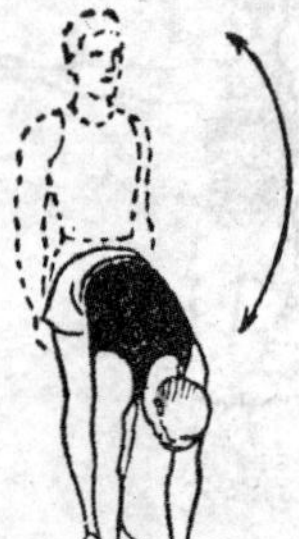

图3—36/体前屈

（13）分腿坐体前屈

预备姿势：分腿坐，两臂上举，掌心向前。

动作：上体弹动前屈，两手依次触一脚尖（图3—37）。

（14）跪撑屈体立撑

预备姿势：两膝跪撑，两手在两膝附近撑地（图3—38）。

动作：手不离地，直腿起立，起踵成屈体立撑（图3—39），然后上体继续前倾，还原成跪撑姿势。

图3—37/分腿坐体前屈

图3—38/预备姿势

图3—39/屈体立撑

（15）屈臂俯撑—体前屈

预备姿势：屈臂分腿俯撑。

动作：两脚蹬地，两臂伸直，两脚收回落地成屈体立撑（图3—40），然后重心移到手上，两脚蹬地向后伸，还原成预备姿势。

（16）蹲体前屈

预备姿势：双膝并拢，全脚掌蹲立，两手握踝关节（图3—41）。

动作：两腿伸直，同时上体前屈，两臂用力，使前额触膝（图3—42）。

图3—40/屈臂俯撑—体前屈

图3—41/预备姿势

图3—42/体前屈抱踝

（17）单腿跪坐体前屈

预备姿势：单膝跪坐，另一腿半屈前伸，两臂侧平举（图3—43）。

动作：前屈腿伸直，上体前屈，两手触前出腿的脚尖（图3—44）。

（18）前后劈叉

预备姿势：两脚前后大开立撑。

动作：屈臂，身体弹动下落，增大两腿之间的距离（图3—45）。

图3—43/预备姿势

图3—44/跪坐单腿体前屈

图3—45/前后劈叉

（19）握脚尖搬前腿

预备姿势：两手握一脚尖而坐。

动作：两手弹动地举起并放下腿（图3—46）。

（20）搬前腿

预备姿势：并腿坐，两臂前举，握抬起腿。

动作：两手握膝窝，用力拉腿靠近身体（图3—47）。

（21）单腿站立

预备姿势：右腿站立，左腿屈膝前举，左手握左膝，右手握于脚掌。

动作：左手压膝，右手提起脚掌，成膝盖向外并与小腿在同一水平面上的姿势（图3—48）。

图3—46/握脚尖搬前腿

图3—47/搬前腿

图3—48/单腿站立

（22）搬侧腿

预备姿势：直立，一腿屈膝侧举，同侧手在前握该脚掌或脚跟（图3—49）。

动作：拉腿向侧上方尽量举起，另一臂侧举（图3—50）。

（23）压横髋

预备姿势：屈膝坐，脚掌并拢，两膝分开，手掌放在膝上。

动作：两手有弹性地将膝关节往下压至碰地（图3—51）。

（24）体前屈压横髋

预备姿势：屈膝坐，脚掌并拢，两膝分开，两手握踝关节。

动作：两臂用力，使上体前屈接近两腿（图3—52）。

图3—49/预备姿势

图3—50/搬侧腿

图3—51/压横髋

图3—52/体前屈压横髋

（25）单腿跪立体后屈

预备姿势：单膝跪立，另一腿后出，两手扶头。

动作：上体弹动后屈（图3—53）。

（26）跪立——仰卧

预备姿势：跪立，两膝分开，比肩稍宽，小腿平行，两手叉腰（图3—54）。

动作：臀部在两脚之间的位置坐下，然后上体后倒至仰卧（图3—55）。

图3—53/单腿跪立体后屈

图3—54/预备姿势

图3—55/上体后倒至仰卧

（27）中穿单腿

预备姿势：直立，两臂体前下垂，十指交叉握。

动作：一腿弯曲向前穿过交叉手，伸直，然后又屈，向后穿腿，还原成预备姿势（图3—56），然后换腿练习。

（28）后腿摆动

预备姿势：单膝跪撑，另一腿伸直。

动作：伸直腿迅速举起和放下（图3—57），然后换腿练习。

（29）蹲起

预备姿势：直立，两臂前举，掌心向下。

动作：有弹性的蹲起（图3—58）。

（30）前举腿绕环

预备姿势：单腿站立，另一腿前举，两手叉腰。

动作：前举腿以髋关节为轴向内绕环或向外绕环（图3—59）。

（31）后举腿单腿蹲起

预备姿势：单腿站立，另一腿后举，两手叉腰。

动作：支撑腿半蹲，然后伸直（图3—60）。

图3—56/中穿单腿

图3—57/后腿摆动

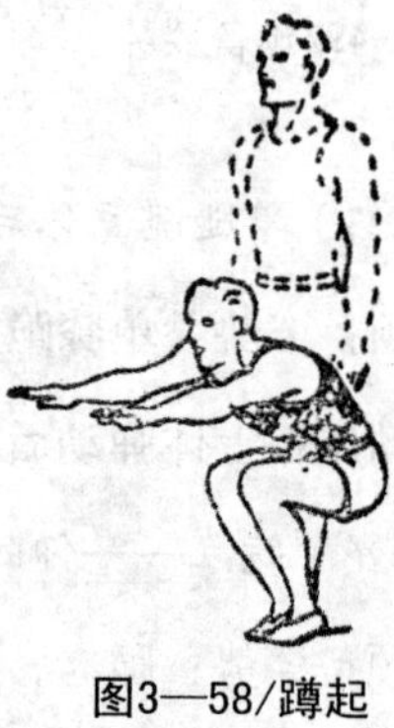

图3—58/蹲起

图3—59/前举腿绕环

图3—60/后举腿单腿蹲起

（32）侧弓步

预备姿势：直立（图3—61）。

动作：侧弓步，同时两臂侧平举（图3—62），屈膝，腿蹬地还原成预备姿势（图3—63），然后反方向，侧弓步，同时两臂上举击掌（图3—64）。

图3—61/预备姿势

图3—62/侧弓步

图3—63/还原成预备姿势

图3—64/侧弓步击掌

（33）跪立向前移动

预备姿势：右膝跪立，左腿前出，两臂前平举（图3—65）。

动作：左腿屈膝，重心移动左腿上，挺胸，两臂侧平举（图3—66），重心继续向前移动，落成左膝跪地，右腿后出，脚尖点地（图3—67），左膝跪立，后举右腿，然后右腿前伸还原成预备姿势（图3—68）。

图3—65/预备姿势

图3—66/左腿屈膝挺胸两臂侧平举

图3—67/左膝跪地右腿后出脚尖点地

图3—68/右腿前伸还原成预备姿势

（34）单腿蹲左右移重心

预备姿势：左腿下蹲，右腿伸直，两手扶膝，上体直立。

动作：重心不升高，上体不动，弯曲右腿，伸直左腿，重心移到右腿上（图3—69）。

（35）倒重心

预备姿势：直立两脚并拢，两臂上举。

动作：慢慢起踵，全身向前倒下，前倒时背部肌肉要放松，并在最后瞬间一腿前出成弓步，使放松的上体向着大腿下落，同时两臂自然下垂，然后前屈腿用力蹬地，同时两手向上挥摆，还原成预备姿势（图3—70）。

图3—69/单腿蹲左右移重心

图3—70/倒重心

（36）倒重心体前屈

预备姿势：直立。

动作：慢慢起踵，背部肌肉放松，全身向前倒下，在最后一瞬间一腿前出成弓步，使上体向大腿落下，同时头和两臂自然下垂（图3—71）。

（37）转体坐下，转体起立

预备姿势：双腿交叉站立，两臂侧平举。

动作：两腿弯曲，同时转体180度坐下（图3—72），站起同时转体180度，还原成预备姿势。

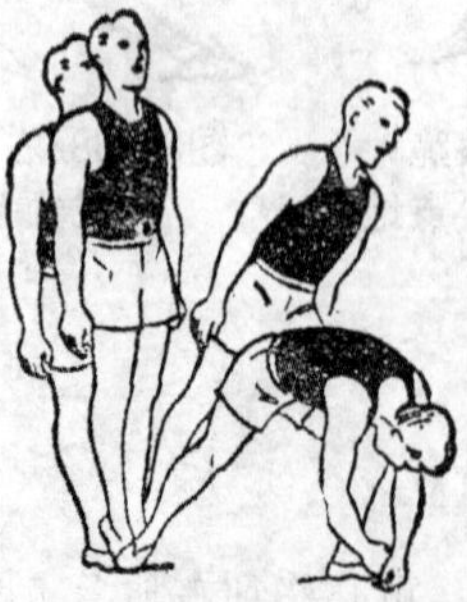
图3—71/倒重心体前屈

图3—72/转体坐下，转体起立

（38）跪坐胸波浪

预备姿势：跪坐，两手撑地（图3—73）。

动作：两腿伸直，胸部沿地面滑动（图3—74），将重心移到弯曲的两臂上，成屈臂俯撑姿势（图3—75），然后两臂伸直成俯撑（图3—76）。

图3—73/预备姿势

图3—74/两腿伸直，胸部沿地面滑动

图3—75/屈臂俯撑

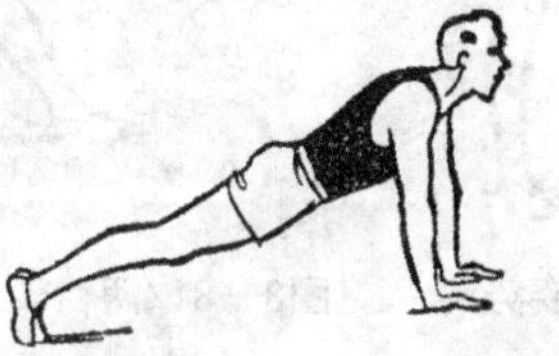
图3—76/两臂伸直成俯撑

3. 颈肌和背肌的练习

（1）颈部侧屈

预备姿势：一臂弯曲，手掌扶头侧，另一臂自然下垂。

动作：弯曲的一臂推压头部侧屈，颈部肌肉用力抵抗（图3—77），然后反方向做。

（2）体前屈90度颈部练习一

预备姿势：两脚开立，上体前屈90度，两手叉腰。

动作：低头背部弓起（图3—78），抬头，挺胸（图3—79）。

图3—77/颈部侧屈

图3—78/低头背部弓起

图3—79/抬头，挺胸

（3）体前屈90度颈部练习二

预备姿势：两脚开立，上体挺胸前屈90度，两臂侧平举（图3—80）。

动作：两臂弯曲，扶头后，做抬头（颈部肌肉用力抵抗）、低头的动作（图3—81）。

（4）仰卧撑举腿

预备姿势：仰卧撑，臀部不着地（图3—82）。

动作：一腿弯曲向前上方举，还原，然后换腿做。

图3—80/预备姿势

图3—81/两臂弯曲扶头后抬、低头

图3—82/仰卧撑举腿

（5）仰卧前臂撑顶髋

预备姿势：仰卧前臂撑，两小腿弯曲与地面成直角（图3—83）。

动作：臀部稍稍下落，接着臀部向上抬起，头后仰（图3—84），还原。

（6）肩肘倒立

预备姿势：仰卧，两臂置于体侧，掌心向下。

动作：举腿，把重心移到肩胛和颈部，两臂弯曲两手撑腰，两肘撑地（图3—85）。

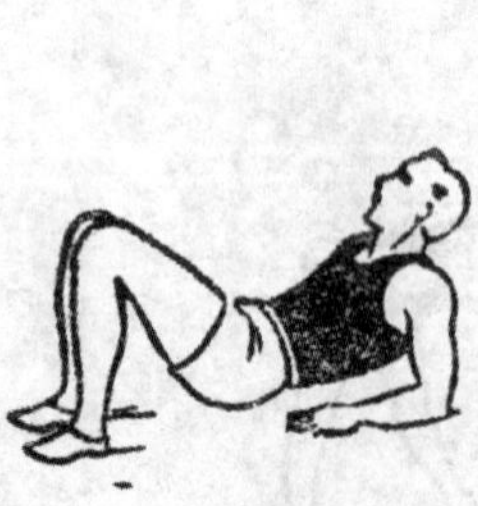

图3—83/预备姿势

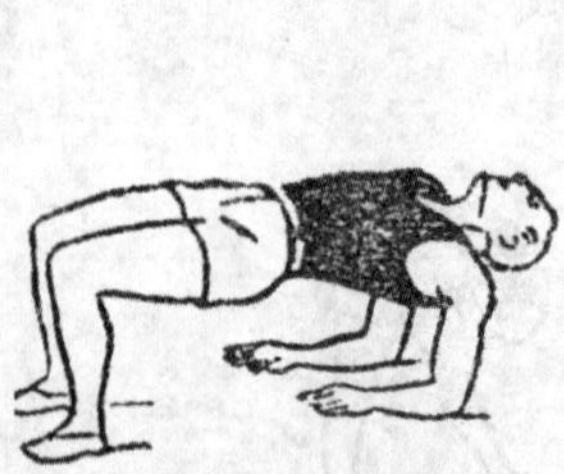

图3—84/顶髋

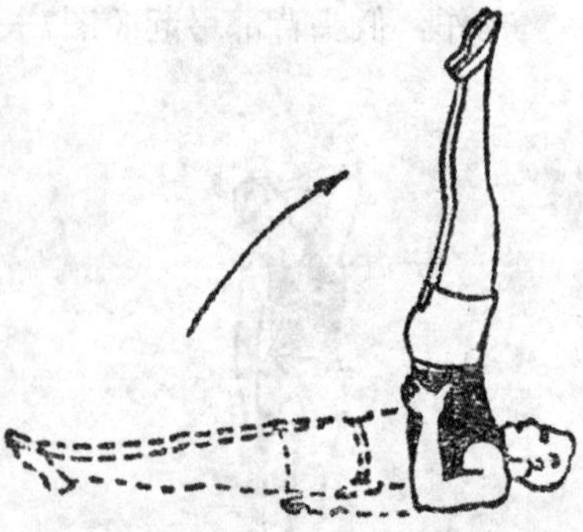

图3—85/肩肘倒立

（7）跪立体后屈

预备姿势：跪坐，两手握脚踝（图3—86）。

动作：不要松手，臀部前移，挺胸抬头后仰成跪立（图3—87），接着臀部后移成跪坐。

图3—86/预备姿势

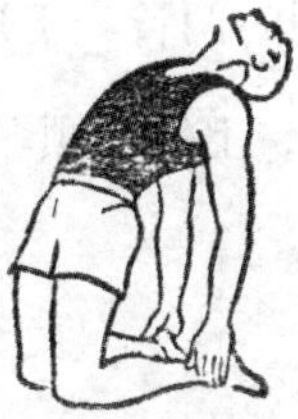

图3—87/挺胸抬头后仰

（8）跪立体前、后屈

预备姿势：两膝跪立，两臂上举，掌心向前（图3—88）。

动作：两臂向前弧形摆至后举，同时跪坐，上体前倾，背部弓起，前额贴膝触地（图3—89），两臂向前弧形摆至上举（图3—90），两膝跪立，挺胸，头后仰，下后腰，然后还原。

图3—88/预备姿势

图3—89/头触地

图3—90/下后腰

（9）跪坐体前屈波浪

预备姿势：跪坐，两臂放在背后，十指交叉握（图3—91）。

动作：上体前屈，（先腰部后屈，头和肩后引）（图3—92），接着背部弓起，直至前额触膝（图3—93），再以相反顺序做动作，还原成预备姿势。

图3—91/预备姿势

图3—92/上体前屈

图3—93/额头触膝

（10）前后弓步

预备姿势：左腿站立，右腿前出，脚尖点地两臂自然前举，掌心向下。

动作：左腿半蹲，同时两臂经下后引成后弓步，上体前屈胸贴大腿。接着重心前移，抬起上体，成前弓步，上体前倾。然后重心后移，同时两臂上举，成后弓步，下后腰（图3—94）

（11）弓步体后屈

预备姿势：左前弓步，两臂体前撑地。

动作：上体抬起，挺胸后仰，两臂侧平举，掌心向上（图3—95）。

（12）俯卧两头起

预备姿势：俯卧，两臂放在背后，十指交叉握。

动作：两腿后举，同时两臂后举，头和肩向上抬起——挺胸（图3—96）。

图3—94/前后弓步

图3—95/弓步体后屈

图3—96/俯卧两头起

（13）平衡

预备姿势：单腿站立，一腿屈膝触胸，两臂侧后举（图3—97）。

动作：站立腿不变，屈膝腿向后伸直保持平衡，挺胸抬头（2秒）（图3—98），然后站立，两臂上举。

图3—97/预备姿势

图3—98/俯平衡

（14）跪立体转

预备姿势：跪坐（图3—99）。

动作：跪立，两臂前上举，接着上体向右转，同时右手触摸左脚（图3—100），然后还原成预备姿势。反方向做（图3—101）。

图3—99/预备姿势

图3—100/向右体转

图3—101/向左体转

（15）跪立体后屈

预备姿势：跪坐，两臂体侧弯曲，握拳（图3—102）。

动作：跪立，同时迅速挺胸，两臂急剧向后上方伸直，身体后屈（图3—103）。

（16）仰卧顶髋

预备姿势：仰卧，两手扶头后，两腿分开，屈膝，脚掌撑地。

动作：用脚掌、两肘和颈部撑地，臀部抬起，挺胸顶髋（图3—104）。

（17）俯撑移动腿

预备姿势：分腿俯撑。

动作：右腿向后举起并向左移动，使脚尖在左腿外触地，两臂不要离地（图3—105）。

图3—102/预备姿势

图3—103/跪立体后屈

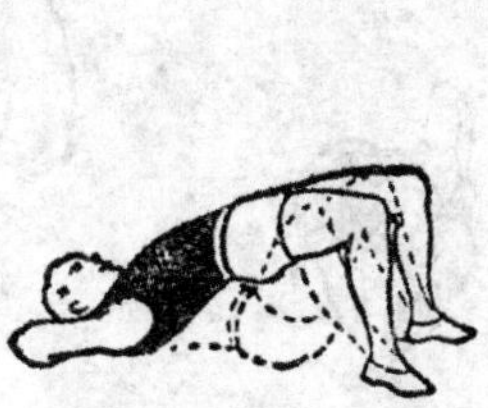
图3—104/仰卧顶髋

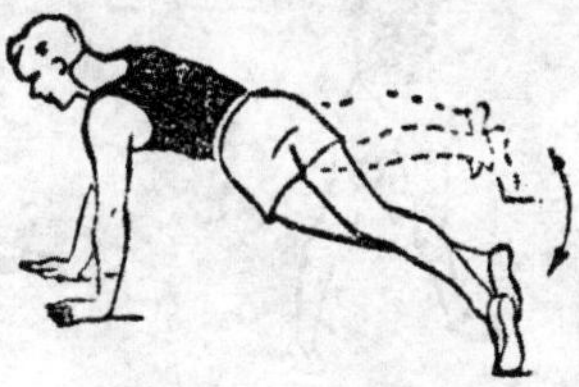
图3—105/俯撑移动腿

（18）半劈叉体后屈

预备姿势：半劈叉，两手扶头后。

动作：上体后屈弹动（图3—106）。

4. 腹肌和骨盆底肌的练习

（1）半蹲体转

预备姿势：直立，两臂侧平举，掌心向上。

动作：半蹲，上体向右体转（图3—107），接着向左体转（图3—108）。

图3—106/半劈叉体后屈

图3—107/向右体转

图3—108/向左体转

（2）侧弓步压腿

预备姿势：两脚开立，比肩稍宽，两臂胸前平屈，与肩同高（图3—109）。

动作：左腿弯曲，同时上体左转，前屈，用左肘触左脚尖（图3—110）。

（3）体前屈体转

预备姿势：两脚开立，上体前倾，两臂侧平举。

动作：前屈角度和两臂姿势不变，上体轮流向右、向左迅速转动（图3—111）。

（4）前弓步体转

预备姿势：右前弓步，两臂上举。

动作：上体向右前方弯曲，两臂向前弧形摆至右后举（图3—112）。

图3—109/预备姿势

图3—110/肘触脚

图3—111/体前屈体转

图3—112/前弓步体转

（5）仰卧打腿

预备姿势：仰卧，两腿抬起，两臂侧下举。

动作：两腿迅速地连续做交叉动作（图3—113）。

（6）仰卧腿绕环

预备姿势：仰卧，两腿抬起，两臂侧下举。

动作：两腿迅速地连续做向外绕环动作（图3—114）。

（7）坐吸单腿

预备姿势：坐地，右腿伸直，左腿用力弯曲，脚尖触地，两臂侧举。

动作：右腿弯曲，脚尖触地，同时左腿向前伸直（图3—115）。

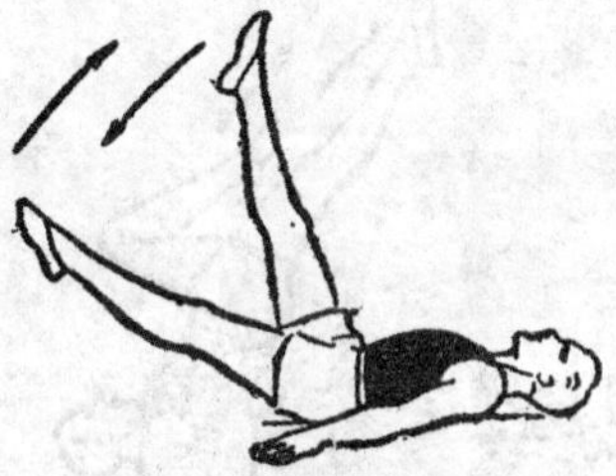

图3—113/仰卧打腿

图3—114/仰卧腿绕环

图3—115/坐吸单腿

（8）仰卧举单腿

预备姿势：仰卧，两臂侧举，掌心向上（图3—116）。

动作：右腿举起，接着向左移动，用右脚尖触左手掌，右手不要离地（图3—117），还原，再反方向做。

（9）仰卧两头起

预备姿势：仰卧，两臂侧举。

动作：上体和两腿迅速相向靠拢成直角状，同时两臂前举，然后两臂向两侧分开，上体和腿还原成仰卧（图3—118）。

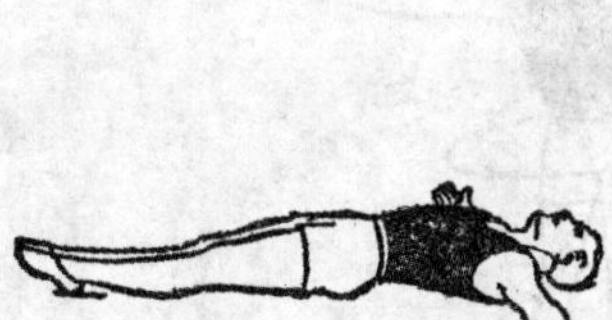

图3—116/预备姿势

图3—117/仰卧举单腿

图3—118/仰卧两头起

（10）仰卧举腿

预备姿势：仰卧，两腿分开，两臂平放在体侧，手掌着地。

动作：两腿上举，接着向头后放落，脚尖触地（图3—119）。

（11）仰卧起坐

预备姿势：仰卧，两腿分开，两臂上举。

动作：两腿不要抬起，两臂前摆，接着上体前屈，用两手触脚背（图3—120）。

（12）肩肘倒立蹬腿

预备姿势：仰卧，肩肘倒立。

动作：一腿弯曲，接着另一腿弯曲，同时弯曲腿伸直，动作要连续，像骑自行车一样（图3—121）。

图3—119/仰卧举腿

图3—120/仰卧起坐

图3—121/肩肘倒立蹬腿

（13）俯撑吸腿

预备姿势：俯撑。

动作：一腿用力弯曲，膝靠胸，低头，同时努力使前额触膝（图3—122），重复做。

（14）髋绕环

预备姿势：两脚开立，比肩稍宽，两臂侧举。

动作：两腿不要弯曲，肩部保持不动，臀部做向左或向右的绕环（图3—123）。

图3—122/俯撑吸腿

图3—123/髋绕环

（15）体侧屈

预备姿势：两脚开立，比肩稍宽，两臂下垂。

动作：上体左侧屈，右臂用力弯曲，右手靠近腋窝，同时左手掌顺着左大腿向下滑动（图3—124）。

（16）侧撑举腿

预备姿势：右臂侧撑（图3—125）。

动作：左腿侧举，同时左臂侧举（图3—126）。

（17）单膝跪立，体前、后屈

预备姿势：单膝跪立，另一腿前出，两臂上举（图3—127中）。

动作：上体前屈，同时两手触摸脚面（图3—127前），接着上体伸直成预备姿势（图3—127中），向后屈同时挺胸（图3—127后），还原成预备姿势。

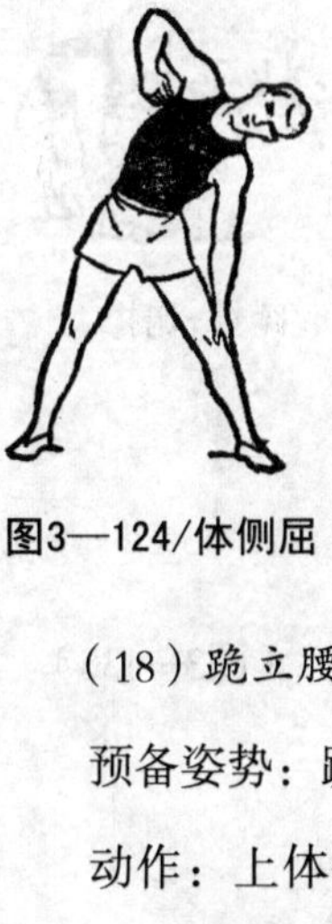

图3—124/体侧屈

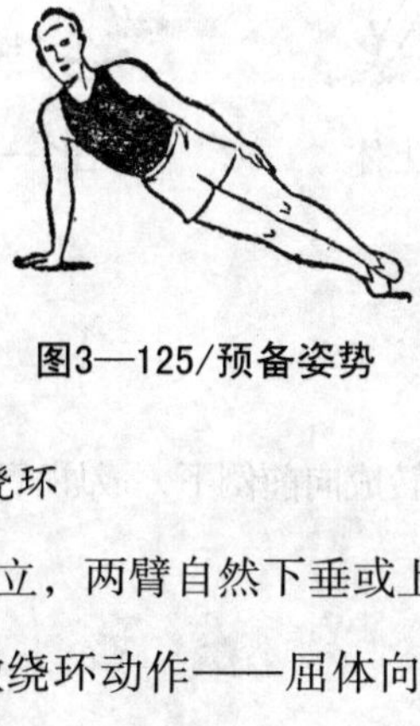

图3—125/预备姿势

图3—126/左腿侧举

图3—127/单腿跪立体前、后屈

（18）跪立腰绕环

预备姿势：跪立，两臂自然下垂或上举（图3—128）。

动作：上体做绕环动作——屈体向左（图3—129）、后（图3—130）、右（图3—131）、前（图3—132）旋转一周。

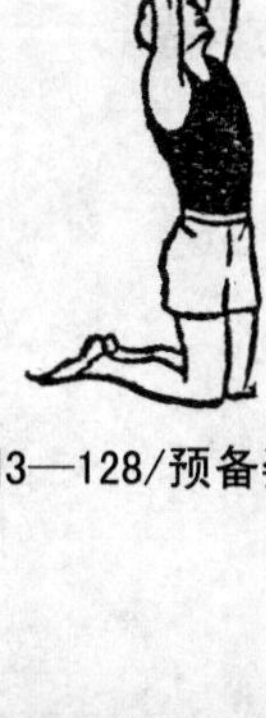

图3—128/预备姿势

图3—129/向左

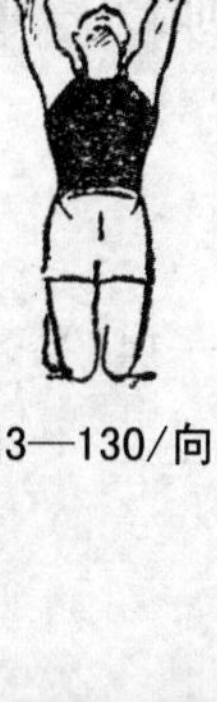

图3—130/向后

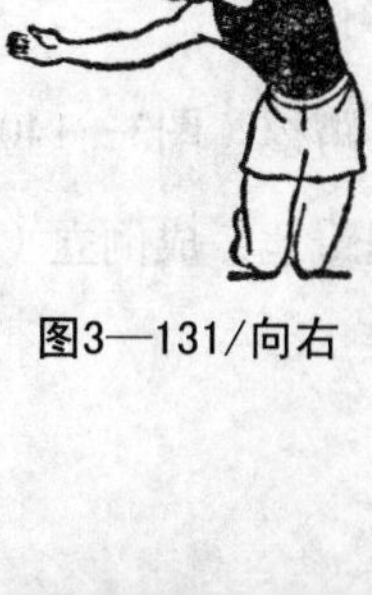

图3—131/向右

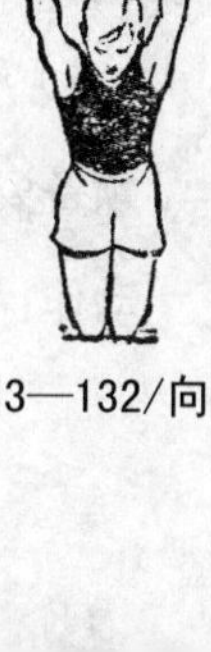

图3—132/向前

（19）跪撑上体弹动

预备姿势：跪撑。

动作：大腿始终保持垂直姿势，以肩关节为轴，上体弹动地向下倾倒至胸部触地（图3—133）。

（20）仰撑移上体

预备姿势：仰撑两腿微屈。

动作：两腿弯曲，两臂后引，肩部前移，将重心转移到两腿上，上体弹动地前移（图3—134）。

（21）蹲撑-俯撑

预备姿势：两膝并拢蹲撑。

动作：两臂轮流前移成俯撑（图3—135）。

图3—133/跪撑上体弹动

图3—134/仰撑移上体

图3—135/蹲撑-俯撑

（22）后倒转体180度成屈臂俯撑

预备姿势：直立。

动作：身体向后倒下，同时迅速转体180度，转成向前倒下，成屈臂俯撑（图3—136）。

（23）屈肘俯撑移上体

预备姿势：屈肘俯撑（图3—137）。

动作：将上体移动到一臂上，同时另一臂屈臂撑（图3—138），然后反方向做。

（24）屈臂俯撑移上体

预备姿势：屈臂俯撑。

动作：将上体移动到一臂上，同时另一臂伸直（图3—139），然后反方向做。

（25）蹲起倒立

预备姿势：蹲撑（图3—140）。

动作：两腿蹬地，成倒立（图3—141）。

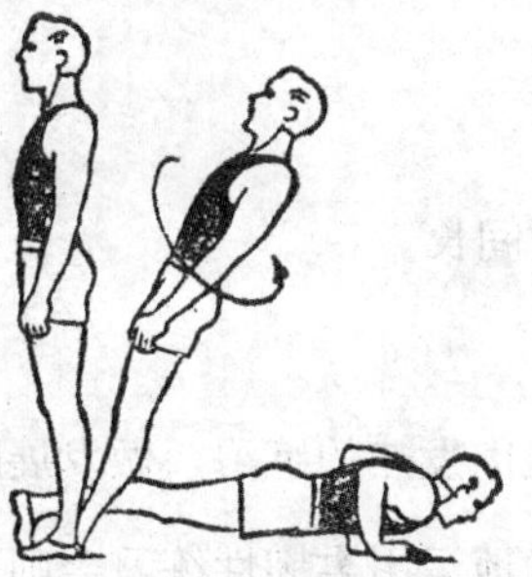

图3—136/后倒转体180° 成屈臂俯撑

图3—137/预备姿势

图3—138/移上体

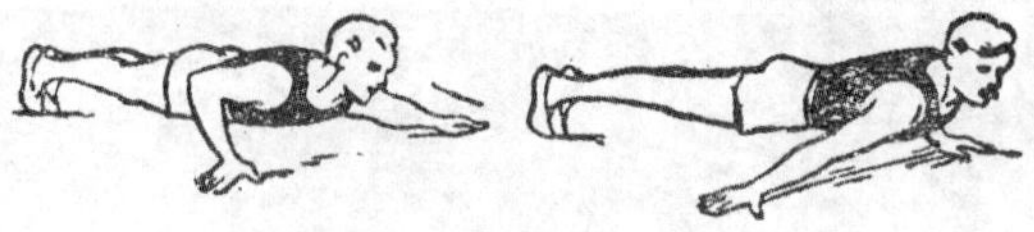

图3—139/屈臂移上体

图3—140/预备姿势

图3—141/两腿蹬地成倒立

三、徒手动作要点

（1）举臂绕和绕环动作要点

动作要点：手指尖的伸肌用力，腕关节伸肌、屈肌平衡用力，肘关节伸肌、屈肌平衡用力。

（2）体前屈要点

两腿伸直，躯干肌肉放松向前屈。

（3）体后屈要点

髋向前上方用力，抬头，肩充分展开，背肌收缩向后做后屈。

（4）腰绕环要点

腰的绕环：躯干各侧肌放松与紧张，协调配合做腰绕环，同时两臂以绕远伸的动作加以配合。

（5）踢腿要点

摆动腿及支撑腿伸直，保持髋正，腹肌收紧，踢腿时以脚尖发力，快而有力，并有控制地落下。

四、徒手操练习注意事项

（1）动作中的呼吸要求

在做练习时，呼吸要有节奏，不要屏气，吸气要比呼气时间长。

（2）柔韧练习的要求

做柔韧性练习之前，需做一些帮助加强血液循环——使肌肉发热的练习。做发展腰椎的柔韧性练习时，要特别注意动作的振幅。不规范或不正确地运用柔韧性练习会削弱肌肉的力量，破坏及影响正确的姿态。

（3）选择准备活动练习的要求

从以上介绍的动作中，每一类选择一到两个动作进行练习，选择的动作要全面，难度要小，并以弹性动作为主。

第二节 手持轻器械训练

根据练习者对发展骨骼肌的需要，选用手持哑铃、木棒、实心球等轻器械进行有针对性的训练，可有效改善练习者的身体形态。

哑铃有木哑铃和不同重量的金属哑铃，下面以哑铃操为例，介绍其练习方法。

一、哑铃操单动作练习方法

（1）发展手指屈肌

预备姿势：拇指与其余四指分开，四指并拢微曲，哑铃置于指节上（图3—142）。

动作：屈指，将哑铃握向手心（图3—143），还原成预备姿势。

呼吸：呼吸均匀，不要屏气。

图3—142/预备姿势

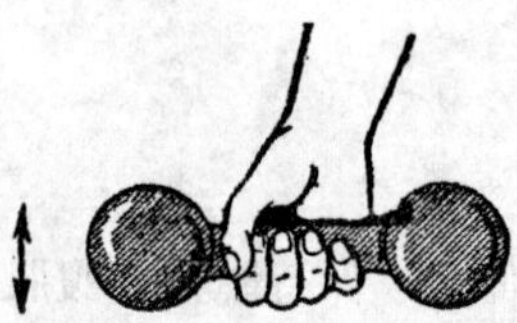

图3—143/屈指

（2）发展前臂前面的肌肉群

预备姿势：坐在椅子或凳子上，前臂放在大腿上，手腕稍突出膝前，掌心向上。

动作：前臂不离开大腿，手腕向上翻（图3—144），还原成预备姿势。

呼吸：呼吸均匀，不要屏气。

（3）发展前臂后面的肌肉群

预备姿势：坐在椅子或凳子上，前臂放在大腿上，手腕稍突出膝前，掌心向下。

动作：前臂不离开大腿，手腕向上翻（图3—145），还原成预备姿势。

呼吸：呼吸均匀，不要屏气。

（4）发展上臂二头肌练习一

预备姿势：直立，掌心向前。

动作：两前臂轮流或同时弯曲（图3—146），放下成预备姿势。

呼吸：呼吸均匀，不要屏气。

（5）发展上臂二头肌练习二

预备姿势：坐在凳子上，掌心向前。

动作：两前臂轮流或同时弯曲（图3—147），放下成预备姿势。

呼吸：呼吸均匀，不要屏气。

（6）发展上臂和前臂屈肌练习一

预备姿势：直立，掌心向后。

动作：两前臂同时或轮流弯举（图3—148），放下成预备姿势。

呼吸：呼吸均匀，不要屏气。

图3—144/手心向上屈腕

图3—145/掌心向下屈腕

图3—146/站姿屈前臂

图3—147/坐姿屈前臂

图3—148/站姿掌心向后屈前臂

（7）发展上臂和前臂屈肌练习二

预备姿势：坐在凳子上，掌心向后。

动作：两前臂同时或轮流弯举（图3—149），放下成预备姿势。

呼吸：呼吸均匀，不要屏气。

（8）发展肩带上部肌肉

预备姿势：直立，掌心相对，靠在大腿旁。

动作：屈肘将哑铃提至腋下（图3—150），还原成预备姿势。

呼吸：上举时吸气，放下时呼气。

（9）发展肩带肌肉及上臂伸肌

预备姿势：直立，两臂弯曲，手腕位于肩旁，掌心相对。

动作：两臂同时或轮流上举哑铃（图3—151），还原成预备姿势。

呼吸：上举时吸气，放下时呼气。

（10）发展肩带上部肌肉及上臂屈肌和伸肌

预备姿势：直立，两手位于体前，掌心向后。

动作：两肘弯曲上抬，将哑铃垂直上举（图3—152），然后，两肘伸直还原成预备姿势。

呼吸：上举时吸气，放下时呼气。

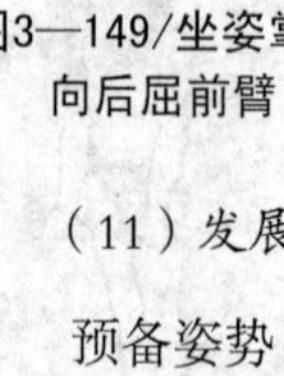

图3—149/坐姿掌心向后屈前臂

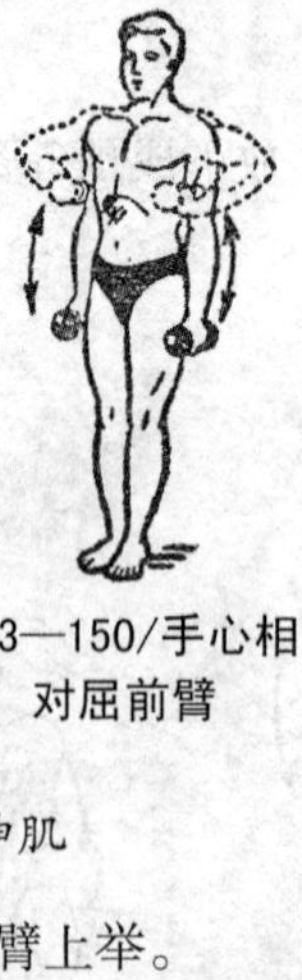

图3—150/手心相对屈前臂

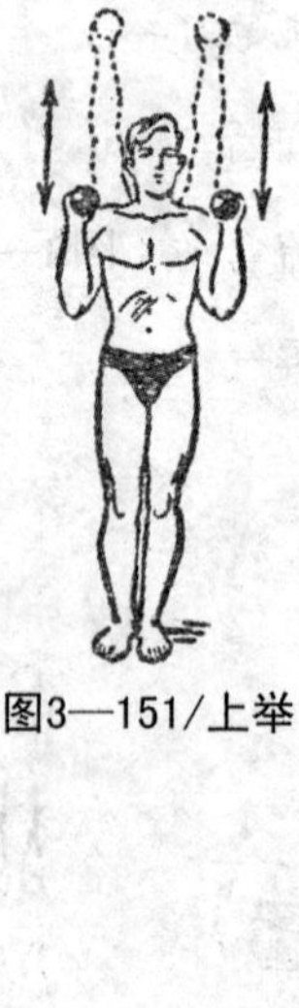

图3—151/上举

图3—152/经前臂屈上举

（11）发展上臂三头伸肌

预备姿势：直立，两臂上举。

动作：两臂弯曲，两肘上举，两手腕置于后脑，掌心相对，哑铃触及肩胛骨上缘，然后两肘不放下，两臂同时或轮流上举哑铃（图3—153）。

呼吸：伸直时吸气，弯曲时呼气。

（12）发展上臂三头肌和肩胛肌

预备姿势：直立上体前屈90度，两臂弯曲，两手紧靠体侧，掌心相对。

动作：上体保持不动，两臂同时或轮流向前、向后伸直（图3—154）。

呼吸：伸直时吸气，弯曲时呼气。

（13）发展肩带肌

预备姿势：直立，两臂自然下垂，掌心向后。

动作：两臂同时或轮流经前至上举哑铃（图3—155）。

呼吸：上举时吸气，放下时呼气。

（14）发展肩带肌

预备姿势：直立，两臂自然下垂，掌心相对。

动作：两臂同时经侧平举至上举哑铃（图3—156），还原成预备姿势。

呼吸：上举时吸气，放下时呼气。

图3—153/头后弯曲前臂上举

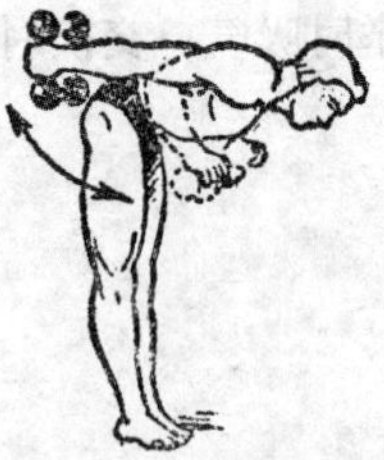

图3—154/前臂向后伸

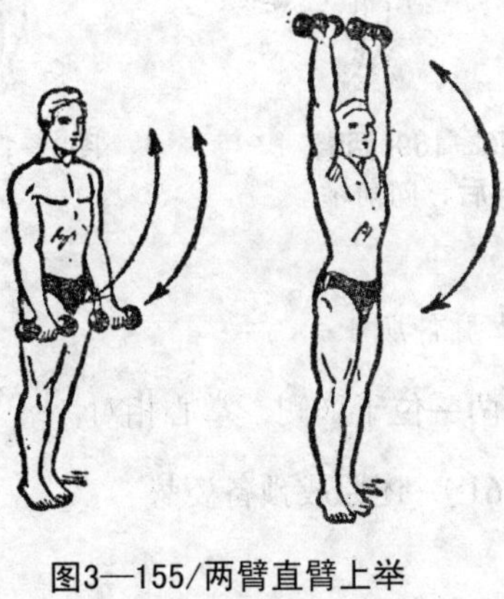

图3—155/两臂直臂上举

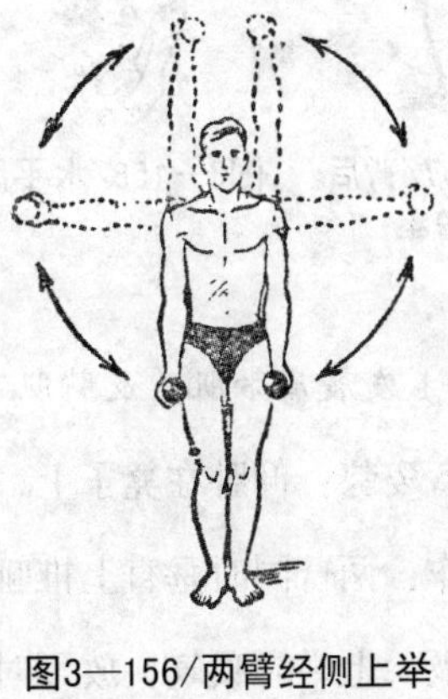

图3—156/两臂经侧上举

（15）发展肩带上部肌肉和上臂屈肌

预备姿势：直立，两臂自然下垂，掌心相对。

动作：在背后屈臂举哑铃（图3—157），还原成预备姿势。

呼吸：伸直时吸气，弯曲时呼气。

（16）发展肩带肌（及背阔肌和三角肌后部相连的肌肉）

预备姿势：直立体前屈90度，两臂自然下垂，掌心相对。

动作：上体不动，两臂同时侧平举哑铃（图3—158），还原成预备姿势。

呼吸：上举时吸气，放下时呼气。

（17）发展肩带肌（及背阔肌和三角肌）

预备姿势：直立体前屈90度，两臂自然下垂，掌心向后。

动作：上体不动，两臂同时向后举，向前举（图3—159），还原成预备姿势。

呼吸：前举时吸气，放下时呼气。

（18）发展肩带肌（及背阔肌和三角肌）

预备姿势：直立体前屈90度，两臂自然下垂，掌心向后。

动作：上体不动，两臂依次前后举（图3—160），还原成预备姿势。

呼吸：举时吸气，交换时呼气。

图3—157/背后屈臂举

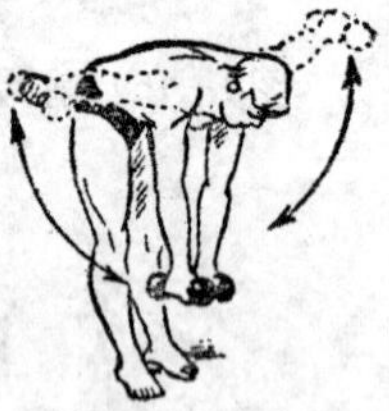
图3—158/水平屈伸

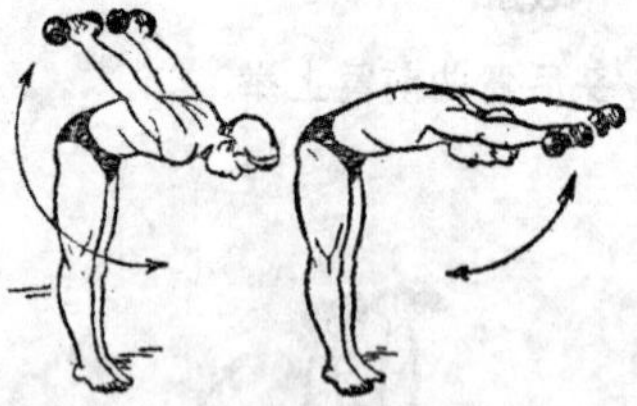
图3—159/两臂向后、向前举

图3—160/依次前后举

（19）发展肩带肌（及胸肌、三角肌和上臂伸肌）

预备姿势：仰卧在凳子上，两臂弯曲，两手位于胸侧，掌心相对。

动作：两臂同时垂直上推哑铃（图3—161），还原成预备姿势。

呼吸：上举时吸气，放下时呼气。

（20）发展肩带上部肌肉（及胸肌和三角肌前部）

预备姿势：仰卧在地板上，两臂侧举，掌心向上。

动作：两臂同时前举（水平屈）哑铃（图3—162），还原成预备姿势。

呼吸：放下时吸气，前举时呼气。

（21）发展整个肩带肌肉

预备姿势：仰卧在地板上，两臂沿体侧伸直，两手在大腿旁，掌心向下。

动作：两臂同时经前举、上举哑铃至头后（图3—163），然后还原成预备姿势。

呼吸：两臂举向头后时吸气，还原时呼气。

（22）发展颈部和枕肌

预备姿势：用扁带做成帽子形状套在头上，将哑铃挂在两条带子上，然后将帽子戴在头上。两脚开立，与肩同宽，上体前倾，低头，两膝微屈，两手扶在两膝上。

动作：低头（图3—164）、抬头（图3—165）。

呼吸：抬头时吸气，低头时呼气。

（23）发展背部伸肌练习一

预备姿势：直立，两手握哑铃紧靠头后。

动作：两腿伸直，上体做前屈动作，然后还原成预备姿势（图3—166）。

呼吸：伸直时吸气，前屈时呼气。

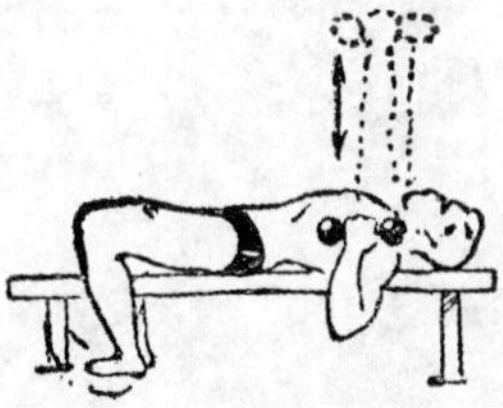

图3-161/仰卧推举

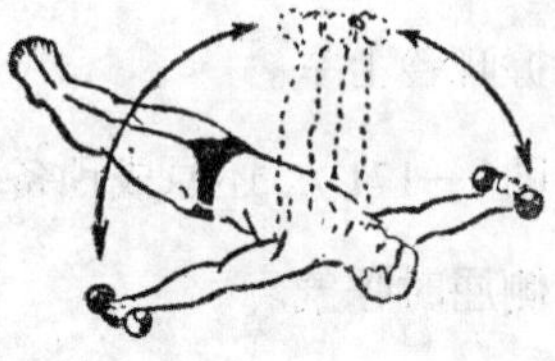

图3—162/仰卧水平屈伸

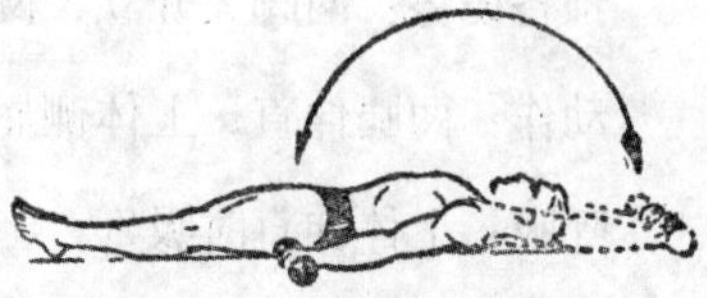

图3—163/仰卧直臂上举

图3—164/低头

图3—165/抬头

图3—166/体前屈90°

（24）发展背部伸肌练习二

预备姿势：俯卧在凳子上，两脚挂在重物上固定起来，两手握哑铃紧靠头后。

动作：背部伸直，头向上抬（图3—167），然后还原成预备姿势。

呼吸：伸直时吸气，后屈时呼气。

（25）发展背部伸肌练习三

预备姿势：俯卧在地板上，两脚挂在重物上固定起来，两手握哑铃紧靠头后。

动作：背部伸直，头向上抬（图3—168），然后还原成预备姿势。

呼吸：伸直时吸气，后屈时呼气。

（26）发展腹斜肌和腹侧肌

预备姿势：直立、两臂自然下垂。

动作：上体左侧屈，同时右臂弯曲，沿体侧向上移送至腰部上方，左臂伸直，下落到膝部，两腿不得弯曲，然后反方向（图3—169），还原成预备姿势。

呼吸：向握哑铃臂一侧侧屈时吸气，向另一侧侧屈时呼气。

（27）发展腰部肌肉、背阔肌和提肋肌练习一

预备姿势：两脚大开立，两手握哑铃紧靠头后。

动作：两腿伸直，上体侧屈（图3—170），还原成预备姿势。

呼吸：上体伸直时吸气，上体侧屈时呼气。

（28）发展腰部肌肉、背阔肌和提肋肌练习二

预备姿势：两脚大开立，两手握哑铃上举。

动作：两腿伸直，上体侧屈（图3—171），还原成预备姿势。

呼吸：上体伸直时吸气，上体侧屈时呼气。

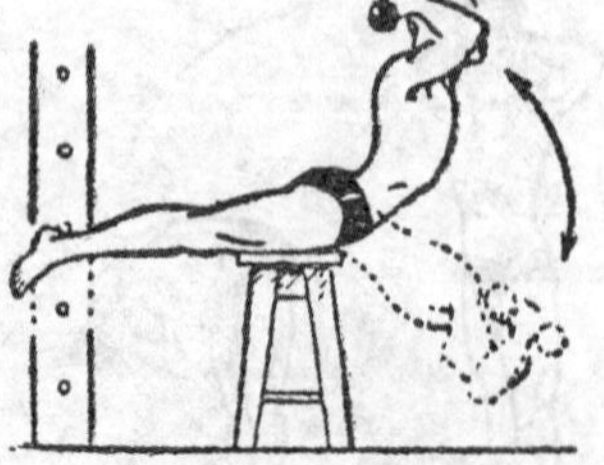

图3—167/俯卧起上体

图3—168/起上体

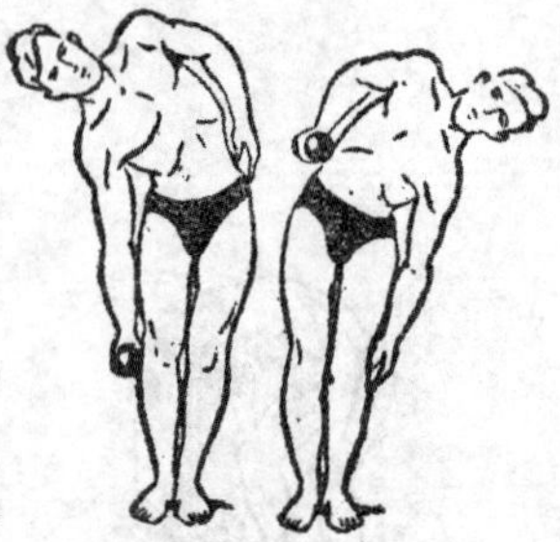

图3—169/体侧屈

（29）发展腰部肌肉、背阔肌和提肋肌练习三

预备姿势：侧卧在地板上，两脚钩在重物上固定，两手握哑铃紧靠头后。

动作：上体侧屈，离开地面（图3—172），还原成预备姿势。

呼吸：上体伸直时吸气，上体侧屈时呼气。

（30）发展腹肌练习一

预备姿势：仰卧在地板上，两脚钩在重物上固定，两手握哑铃紧靠头后。

动作：起上体（图3—173），还原成预备姿势。

呼吸：起上体时吸气，还原时呼气。

（31）发展腹肌练习二

预备姿势：坐在凳子上，两脚钩在重物上固定，两手握哑铃紧靠头后。

动作：仰卧，起上体（图3—174）。

呼吸：起上体时吸气，仰卧时呼气。

（32）发展腹肌和髂腰肌

预备姿势：仰卧在凳子上，将哑铃绑在两脚上，两手置于体侧。

动作：两腿轮流上举（图3—175）。

呼吸：腿举起时吸气，放下时呼气。

图3—170/开立体侧屈

图3—171/上举体侧屈

图3—172/侧卧起上体

图3—173/仰卧起上体

图3—174/坐在凳子上仰卧起上体

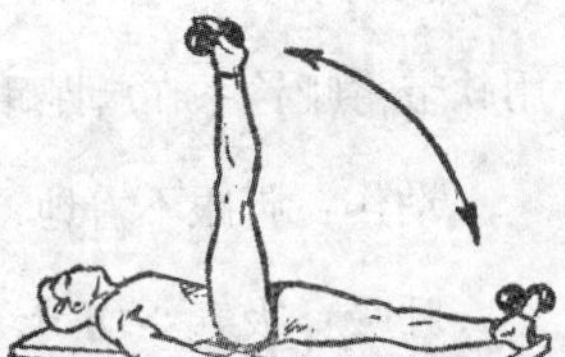
图3—175/仰卧举单腿

（33）发展腹斜肌、腹侧肌和肩带肌肉

预备姿势：两脚大开立，两手握哑铃自然下垂。

动作：一臂经体侧上举，同时上体前屈，并转90度，另一臂下落直至哑铃触地，做动作时，两眼看上举的哑铃（图3—176），然后做反方向的动作。

呼吸：上体伸直时吸气，上体弯屈时呼气。

（34）发展腓肠肌—脚掌屈肌练习一

预备姿势：两脚分开与肩同宽，脚趾放在5厘米～8厘米的台阶上，脚跟站在地上，两臂弯曲，两手握哑铃位于肩旁。

动作：脚跟提起，还原成预备姿势（图3—177）。

呼吸：吸气要均匀，不要屏气。

（35）发展腓肠肌——脚掌屈肌练习二

预备姿势：一脚掌蹬在另一腿膝上，用支撑腿同侧的手臂握哑铃，另一手臂扶着墙或椅背，以保持平衡。

动作：压脚跟—提踵，还原成预备姿势（图3—178）。

呼吸：吸气要均匀，不要屏气。

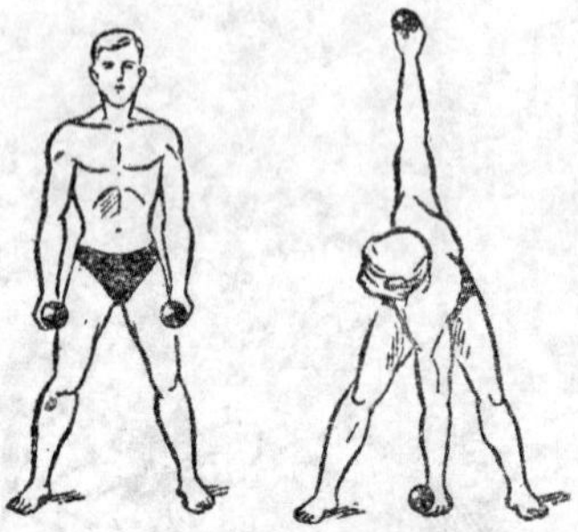

图3—176/体前屈体转

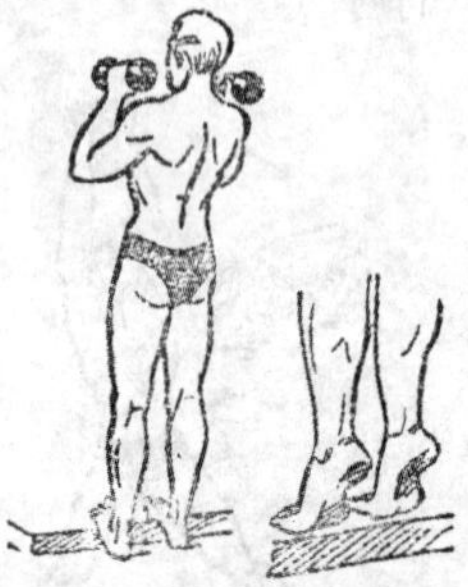

图3—177/双足压脚跟

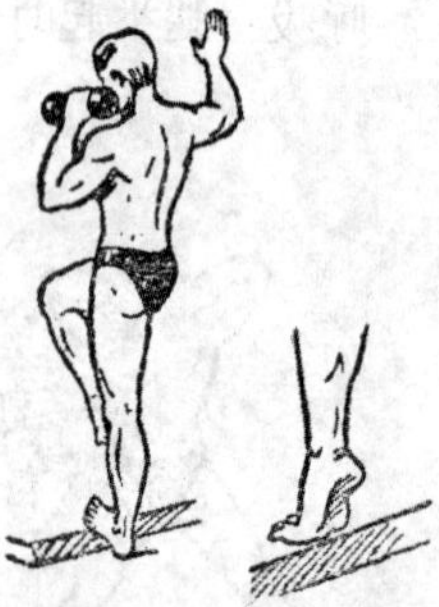

图3—178/单足压脚跟

（36）发展胫骨肌——脚掌伸肌（脚背伸肌）

预备姿势：坐在椅子或凳子上，两脚跟放在高5厘米～8厘米的台阶上，脚趾着地，用软带将哑铃系在脚趾跟处。

动作：脚跟不着地，两脚掌同时抬起（图3—179）。

呼吸：吸气要均匀，不要屏气。

（37）发展股四头肌练习一

预备姿势：坐在椅子或高凳子上，小腿下垂，用软带将哑铃系在脚背上。

动作：两腿轮流伸直弯曲（图3—180）。

呼吸：吸气要均匀，不要屏气。

（38）发展股四头肌练习二

预备姿势：坐在椅子或高凳子上，小腿下垂，用软带将哑铃系在脚背上。

动作：两腿同时伸直（图3—181）。

呼吸：吸气要均匀，不要屏气。

（39）发展大腿屈肌练习一

预备姿势：大腿靠着桌边，两手扶在桌子上，将哑铃系在脚背上。

动作：两腿轮流弯曲，尽量使脚跟接近臀部（图3—182）。

呼吸：吸气要均匀，不要屏气。

（40）发展大腿屈肌练习二

预备姿势：两手叉腰，用软带将哑铃系在脚背上。

动作：一腿前举（图3—183）。

呼吸：放下腿时吸气，举腿时呼气。

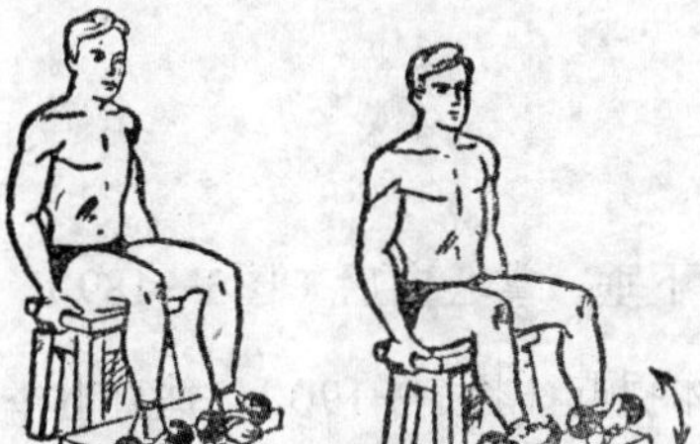

图3—179/抬脚掌

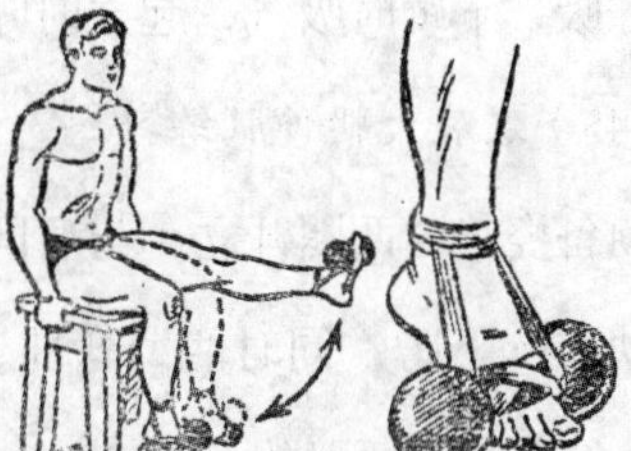

图3—180/单腿屈伸小腿

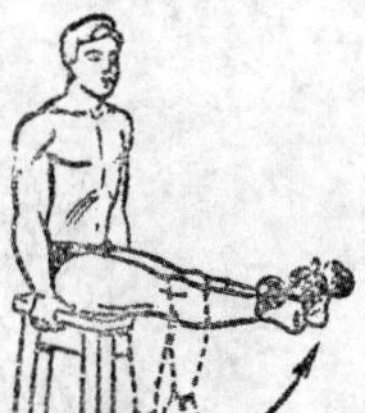

图3—181/双腿屈伸小腿

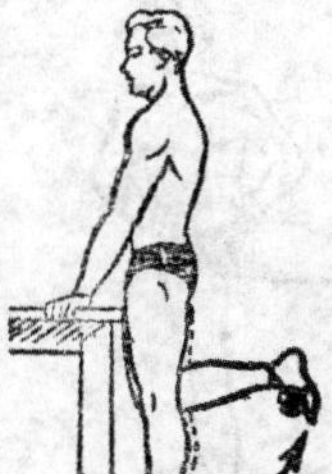

图3—182/站立屈伸小腿

图3—183/单腿前举

（41）发展大腿屈肌练习三

预备姿势：两手叉腰，用软带将哑铃系在脚背上。

动作：一腿屈膝上举，同时内收小腿（图3—184）。

呼吸：放下腿时吸气，举腿时呼气。

（42）发展大腿屈肌练习四

预备姿势：两手叉腰，用软带将哑铃系在脚背上。

动作：轮流向侧举腿（图3—185）。

呼吸：放下腿时吸气，举腿时呼气。

（43）发展大腿伸肌练习一

预备姿势：两腿开立，与肩同宽，两臂弯曲，两手握哑铃位于肩旁（图3—186）。

动作：下蹲，脚跟不离地（图3—187），起立。

呼吸：下蹲时吸气，起立时呼气。

（44）发展大腿伸肌练习二

预备姿势：两腿开立，与肩同宽，两臂弯曲，两手握哑铃位于肩旁。

动作：下蹲，脚跟不离地同时两臂上举（图3—188），起立同时两臂还原成预备姿势。

呼吸：下蹲时吸气，起立时呼气。

（45）发展大腿伸肌练习三

预备姿势：两腿开立，与肩同宽，两臂自然下垂，掌心向后（图3—189）。

动作：下蹲，同时两臂弯曲，将哑铃沿身体提起（图3—190），垂直上举（图3—191），站立同时两臂放下。

呼吸：下蹲，两臂上举时吸气，两臂放下时呼气。

图3—184/内收小腿

图3—185/向侧举腿

图3—186/预备姿势

图3—187/下蹲

图3—188/下蹲同时两臂上举

图3—189/预备姿势

图3—190/沿身体提起

图3—191/下蹲上举

（46）发展大腿股四头肌和臀部肌肉

预备姿势：直立，两手位于臀后，相互交叉（图3—192）。

动作：下蹲，同时提踵，上体不得前倾（图3—193），起立。

呼吸：下蹲时吸气，起立时呼气。

图3—192/预备姿势

图3—193/下蹲

（47）发展腿部、背部和肩带上部的肌肉练习一

预备姿势：直立，两臂弯曲，两手握哑铃位于肩旁（图3—194）。

动作：前弓步，上臂不动（图3—195），起立。

呼吸：弓步时吸气，还原时呼气。

图3—194/预备姿势

图3—195/前弓步

（48）发展腿部、背部和肩带上部的肌肉练习二

预备姿势：直立，两臂弯曲，两手握哑铃位于肩旁。

动作：前弓步同时两臂上举（图3—196），起立同时两臂还原成预备姿势。

呼吸：弓步时吸气，还原时呼气。

（49）发展腿部、背部和肩带上部的肌肉

预备姿势：两腿大开立，两臂弯曲，两手握哑铃位于肩旁（图3—197）。

动作：转体同时与转体方向同侧腿前弓步，两臂上举（图3—198），然后还原，向另一侧做同样动作。

呼吸：弓步时吸气，还原时呼气。

（50）发展大腿收肌和伸肌、背部伸肌和肩带伸肌练习一

预备姿势：两腿大开立，两臂弯曲，两手握哑铃位于肩旁（图3—199）。

动作：侧弓步两臂不动（图3—200），还原，然后反方向做。

呼吸：弓步时吸气，还原时呼气。

（51）发展大腿收肌和伸肌、背部伸肌和肩带伸肌练习二

预备姿势：两腿大开立，两臂弯曲，两手握哑铃位于肩旁。

动作：侧弓步同时两臂上举（图3—201），还原，然后反方向做。

呼吸：弓步时吸气，还原时呼气。

图3—196/前弓步上举

图3—197/预备姿势

图3—198/转体90° 前弓步上举

图3—199/预备姿势

图3—200/侧弓步

图3—201/侧弓步同时两臂上举

（52）发展大腿收肌和伸肌、背部伸肌和肩带伸肌练习三

预备姿势：两腿大开立，两臂自然下垂，掌心相对（图3—202）。

动作：侧弓步同时两臂前举（图3—203），还原，然后反方向做。

呼吸：弓步时吸气，还原时呼气。

（53）发展大腿收肌和伸肌、背部伸肌和肩带伸肌练习四

预备姿势：两腿大开立，两臂自然下垂，掌心相对。

动作：侧弓步同时两臂侧平举（图3—204），还原，然后反方向做。

呼吸：弓步时吸气，还原时呼气。

（54）发展大腿伸肌和臀部肌肉

预备姿势：直立，两臂弯曲位于肩部。

动作：单腿下蹲，另一腿前举，同时另一臂前举（图3—205），还原，然后反方向做。

呼吸：下蹲时吸气，起立时呼气。

（55）发展腿部和肩带的肌肉以及呼吸血管系统

预备姿势：直立，两手握哑铃弯曲位于肩旁，掌心相对（图3—206）。

动作：并腿原地跳跃同时两臂不动（图3—207）

呼吸：呼吸要深，不要屏气。

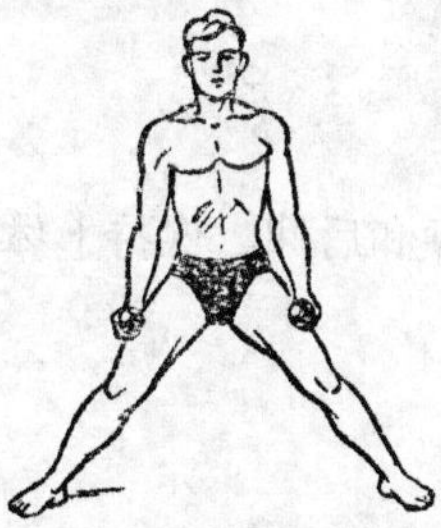

图3—202/预备姿势

图3—203/侧弓步同时两臂前举

图3—204/侧弓步同时两臂侧平举

图3—205/单腿蹲

图3—206/预备姿势

图3—207/原地跳

（56）发展腿部和肩带的肌肉练习一

预备姿势：直立，两手握哑铃弯曲位于肩旁，掌心相对。

动作：并腿原地跳跃，同时两臂上举（图3—208），落下时两臂还原成预备姿势。

呼吸：呼吸要深，不要屏气。

（57）发展腿部和肩带的肌肉练习二

预备姿势：直立，两臂自然下垂，掌心相对（图3—209）。

动作：原地跳跃成开立，同时两臂侧平举（图3—210），还原成预备姿势。

呼吸：呼吸要深，不要屏气。

图3—208/原地跳同时两臂上举

图3—209/预备姿势

图3—210/原地跳同时两臂侧平举

（58）发展腿部和上体的肌肉以及呼吸血管系统

预备姿势：前弓步，两手握哑铃屈臂位于肩旁（图3—211）。

动作：跳起（图3—212），同时两腿交换位置，上体不得前倾和后仰，保持上体正直，成另一腿在前的前弓步（图3—213）。

呼吸：呼吸要深，不要屏气。

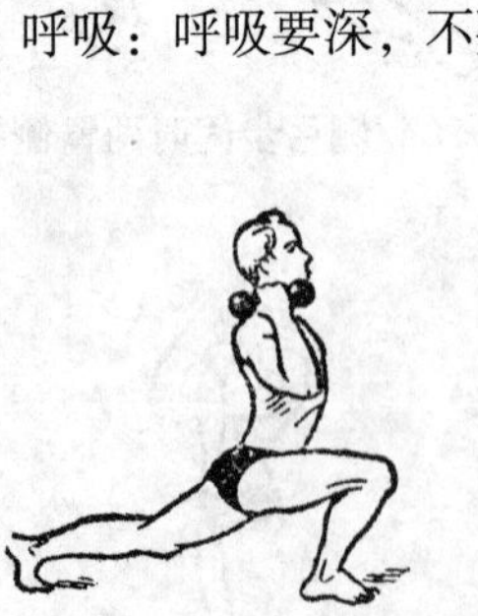

图3—211/预备姿势

图3—212/跳起换腿

图3—213/前弓步

二、成套哑铃操的编排

在以上的单动作练习中，指明了各练习主要发展的肌肉和肌肉群。其中，多个练习的运动量是相同的，如果一口气做完，易使机体负担过重。为了更均匀地分配运动量，并使其逐渐增加，可将全部练习编成成套哑铃操进行练习。

选编原则：每一套中既包括各主要肌群的活动，又能逐渐地提高生理负担量。

以上列举的五十八节练习，大体可编成四套哑铃操。每一套均可成为独立的练习课来安排（各套的顺序是根据运动量的大小排列）。

（1）第一套哑铃操

适用于初学者。运动量不大，对身体的影响很全面。全套共十三节，练习内容及练习次数见表3—1。

表3—1　第一套哑铃操练习内容及安排

月	周	单动作练习内容（以下数字表示的是上述介绍的动作内容）												
		4	6	11	13	19	22	23	26	32	43	47	50	55
		各节操练习的重复次数												
第一个月	1	6	6	6	6	10	6	5	8	8	10	6	4	10
	2	6	6	6	6	10	6	5	8	8	10	6	4	10
	3	7	7	7	7	11	7	6	9	9	11	7	5	11
	4	8	8	8	8	12	8	7	10	10	12	8	6	12
第二个月	1	9	9	9	9	13	9	8	11	11	13	9	7	13
	2	10	10	10	10	14	10	9	12	12	14	10	8	14
	3	11	11	11	11	15	11	10	13	13	15	11	9	15
	4	12	12	12	12	16	12	11	14	14	16	12	10	16
第九个月	1	6	6	6	6	10	6	5	8	8	10	6	4	10
	2	6	6	6	6	10	6	5	8	8	10	6	4	10
	3	7	7	7	7	11	7	6	9	9	11	7	5	11
	4	8	8	8	8	12	8	7	10	10	12	8	6	12
第十个月	1	9	9	9	9	13	9	8	11	11	13	9	7	13
	2	10	10	10	10	14	10	9	12	12	14	10	8	14
	3	11	11	11	11	15	11	10	13	13	15	11	9	15
	4	12	12	12	12	16	12	11	14	14	16	12	10	16

注意：

1. 哑铃重量的选择：第1～2月使用3千克～4千克；第9～10月使用4千克～5千克。

2. 每节操练习平均所需时间为25秒～35秒，休息时间平均为20秒～30秒，完成一套哑铃操的时间大约在13分钟～15分钟。

3. 上述运动量只是一个平均值，练习者可根据前面介绍过的测量运动量的方法，对练习次数进行适当增减。

（2）第二套哑铃操

此套哑铃操的节数有所增加，难度也相应加大，运动量也有所增加，全套共十八节，练习内容及练习次数见表3—2。

表3—2 第二套哑铃操练习内容及安排

月	周	单动作练习内容（以下数字表示的是上述介绍的动作内容）																	
		5	7	10	12	13	16	20	22	24	27	30	33	34	36	44	46	48	56
		各节操练习的重复次数																	
第三个月	1	6	6	6	8	8	6	6	6	5	6	5	6	0	8	6	8	6	10
	2	6	6	6	8	8	6	6	6	5	6	5	6	10	8	6	8	6	10
	3	7	7	7	9	9	7	7	7	6	7	6	7	11	9	7	9	7	11
	4	8	8	8	10	10	8	8	8	7	8	7	8	12	10	8	10	8	12
第四个月	1	9	9	9	11	11	9	9	9	8	9	8	9	13	11	9	11	9	13
	2	10	10	10	12	12	10	10	10	9	10	9	10	14	12	10	12	10	14
	3	11	11	11	13	13	11	11	11	10	11	10	11	15	13	11	13	11	15
	4	12	12	12	14	14	12	12	12	11	12	11	12	16	14	12	14	12	16

注意：

1. 哑铃重量的选择：第1～2月使用3千克～4千克；第二轮使用4千克～5千克。

2. 每节操练习平均所需时间为25秒～35秒，休息时间平均为20秒～30秒，完成一套哑铃操的时间为18分钟～20分钟。

（3）第三套哑铃操

哑铃操的节数比第二套所包括的更多，运动量也更大，生理负担量也更大，全套共二十三节。哑铃重量、练习内容及练习次数见表3—3。

表3—3 第三套哑铃操练习内容及安排

月			第五个月				第六个月			
周			第一周	第二周	第三周	第四周	第一周	第二周	第三周	第四周
单动作练习内容（以下数字表示的是上述介绍的动作内容）	2	各节操练习的重复次数	6	6	7	8	9	10	11	12
	3		4	4	5	6	7	8	9	10
	4		6	6	7	8	9	10	11	12
	5		6	6	7	8	9	10	11	12
	8		8	8	9	10	11	12	13	14
	9		10	10	11	12	13	14	15	16
	11		6	6	7	8	9	10	11	12
	14		6	6	7	8	9	10	11	12
	17		6	6	7	8	9	10	11	12
	21		8	8	9	10	11	12	13	14
	22		6	6	7	8	9	10	11	12
	25		5	5	6	7	8	9	10	11
	28		6	6	7	8	9	10	11	12
	31		5	5	6	7	8	9	10	11
	33		6	6	7	8	9	10	11	12
	35		8	8	9	10	11	12	13	14
	36		8	8	9	10	11	12	13	14
	37		8	8	9	10	11	12	13	14
	39		8	8	9	10	11	12	13	14
	45		6	6	7	8	9	10	11	12
	49		6	6	7	8	9	10	11	12
	50		4	4	5	6	7	8	9	10
	57		8	8	9	10	11	12	13	14

注意：

1. 哑铃重：第1～2月使用3千克～4千克；第5～6月使用3千克～4千克，第二轮使用4千克～5千克。

2. 每节操练习平均所需时间为25秒～35秒，休息时间平均为20秒～30秒；完成一套哑铃操的时间为23分钟～25分钟。

（4）第四套哑铃操

第四套哑铃操是最后一套，也是运动量最大的一套，因而生理负担量也更大，全套共二十八节，哑铃重量、练习内容及练习次数见表3—4。

表3—4　第四套哑铃操练习内容及安排

月			第七个月				第八个月			
周			第一周	第二周	第三周	第四周	第一周	第二周	第三周	第四周
单动作练习内容（以下数字表示的是上述介绍的动作内容）	1	各节操练习次数	12	12	13	14	15	16	17	18
	2		6	6	7	8	9	10	11	12
	3		5	5	6	7	8	9	10	11
	5		6	6	7	8	9	10	11	12
	7		6	6	7	8	9	10	11	12
	8		8	8	9	10	11	12	13	14
	10		6	6	7	8	9	10	11	12
	11		6	6	7	8	9	10	11	12
	13		6	6	7	8	9	10	11	12
	15		6	6	7	8	9	10	11	12
	18		8	8	9	10	11	12	13	14
	21		8	8	9	10	11	12	13	14
	22		6	6	7	8	9	10	11	12
	25		5	5	6	7	8	9	10	11
	26		8	8	9	10	11	12	13	14
	29		4	4	5	6	7	8	9	10
	31		5	5	6	7	8	9	10	11
	33		5	5	6	7	8	9	10	11
	35		8	8	9	10	11	12	13	14
	36		8	8	9	10	11	12	13	14
	37		8	8	9	10	11	12	13	14
	39		8	8	9	10	11	12	13	14
	40		6	6	7	8	9	10	11	12
	42		6	6	7	8	9	10	11	12
	49		6	6	7	8	9	10	11	12
	52		4	4	5	6	7	8	9	10
	54		2	2	3	4	5	6	7	8
	58		8	8	9	10	11	12	13	14

注意：

1. 哑铃重：第1～2月使用3千克～4千克，第7～8月使用3千克～4千克，第二轮使用4千克～5千克。

2. 每节操练习平均所需时间为25秒～35秒，休息时间平均为20秒～30秒，完成一套哑铃操的时间为28分钟～30分钟。

（5）简易哑铃操

这套操是专门为没有足够时间做一套完整的哑铃操的练习者所编排的。创编的主要思路是：所选动作由多方面作用的单动作组成，对主要肌肉群有一定的练习强度，主要包括表3—5中的七节操练习。

表3—5　简易哑铃操

单动作练习内容（以下数字表示的是上述介绍的动作内容）						
4	9	23或24或25	26或27或28	30或31	43或45	49或58

注意：

1．练习者可根据自己的时间和前面介绍过的测量运动量的方法，确定自己整套操练习的次数。

2．完成一套哑铃操的时间为7分钟～9分钟。

三、哑铃操练习注意事项

（1）练习哑铃操要有一定的系统性，要依照规定的顺序进行练习。上面介绍的四套操，每套都有自己的任务，先从初级的、负担量不大的第一套开始，然后按照顺序每两个月换做一套。

（2）从第三周开始，每节练习的重复次数每星期可增加一次。这样，到第二个月月底时，练习的重复次数可增至最大限度，再换新的一套进行练习。依次类推，四套操用八个月完成。

（3）在新的一次训练循环中，应将哑铃重量增加1千克～1.5千克，以增加运动量。从一次循环过渡到另一次循环，系统地进行八个月的训练。

（4）练习者由于各种原因可能会中断练习。在这种情况下，如果中断时间不长，则可继续做原先做的那套哑铃操，只不过减少练习重复次数，同时延长练习时间。如果中断时间很长，而且机体的训练水平也有显著下降，那么恢复练习的时候，应从上一套操开始，甚至可以从第一套开始，而且将练习重复的次数降到最低。

（5）简易哑铃操节数不多，运动量不大，不宜长久练习。

（6）为便于了解生理负担量的增大情况及力量和机体工作能力的增长程度，练习者应将每次练习的情况记录下来。

第三节 器械体操

凡是在垫子或器械上完成的专门设计的动作都可以称为——器械体操。器械体操除了鞍马、单杠、高低杠、平衡木、吊环、双杠、跳马、自由体操（垫子上的技巧）以外，还有肋木、滚轮、山羊等。由于在器械上完成的动作，通常是日常生活中不用或很少用的动作，因此，对初学者来讲，需要专业教师指导训练，以免造成伤害。本章遵循动作难度低，又能全面发展人体身体素质，既简单易行，又能塑造健美形体的原则，选择了以下训练动作。

一、技巧

场地条件：在平整的场地上放宽80厘米以上、长2米以上的垫子。

（1）滚动

滚动是滚翻的基础，开始学习滚翻之前，掌握团身滚动动作是必要的。团身滚动的能力是正确完成各种滚翻和空翻的先决条件。团身动作可在坐、仰卧、蹲立等姿势中独立进行。

① 坐滚动

预备姿势：团身坐，两腿尽量弯曲，使膝盖靠近肩部，两手紧紧抱住小腿，上臂紧靠上体，头部在两膝之间并向胸部弯曲，使身体缩成一个圆形姿势（图3—214）。

动作过程：后倒滚动至后脑勺触地，接着向前滚动（图3—215），还原成预备姿势（图3—216）。

图3—214/预备姿势

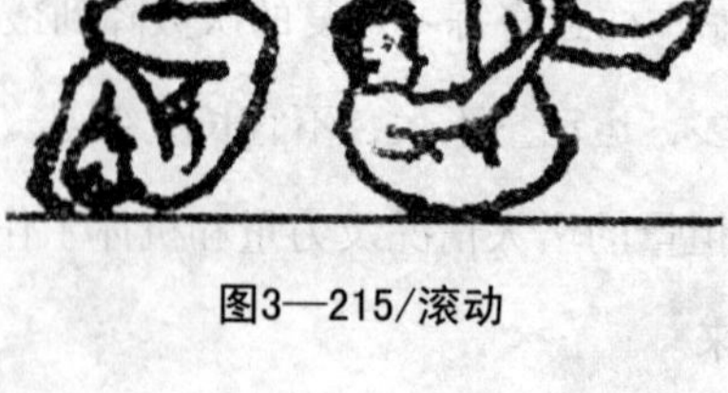

图3—215/滚动

图3—216/结束姿势

② 蹲撑向后滚动

预备姿势：蹲撑，臀部靠近脚跟，使身体保持团身的姿势（图3—217）。

动作过程：很圆滑地向后滚动，直到后脑勺着垫（图3—218），然后用力抱腿，颈部用力低头向前滚动成预备姿势（图3—219）。

动作规格：动作过程团身紧，滚动圆滑。

图3—217/预备姿势

图3—218/向后滚动

图3—219/向前滚动

③ 挺身向前滚动

预备姿势：俯撑（图3—220）。

动作过程：身体用力向后屈，头向后仰，接着向前滚动，用腹部、胸部依次着垫，到胸倒立部位为止（图3—221），然后还原成预备姿势。

动作要点：尽量挺胸，使身体保持后屈的姿势。

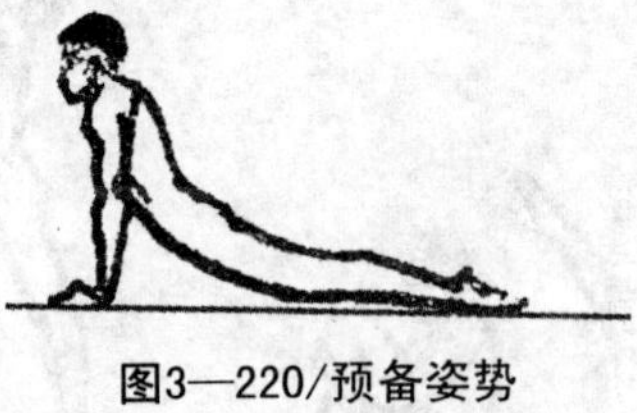

图3—220/预备姿势

图3—221/胸滚动

④ 加转体分腿屈体侧滚动

预备姿势：分腿坐，两手从外侧在膝下握（图3—222）。

动作过程：两手握腿，身体后到，用身体的左侧靠垫（图3—223），滚至仰卧姿势，然后再向另一侧滚动（图3—224），恢复成预备姿势（图3—225）

图3—222/预备姿势

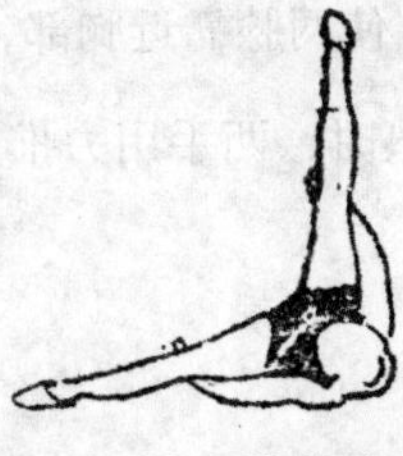

图3—223/左侧靠垫滚动

图3—224/右侧靠垫滚动

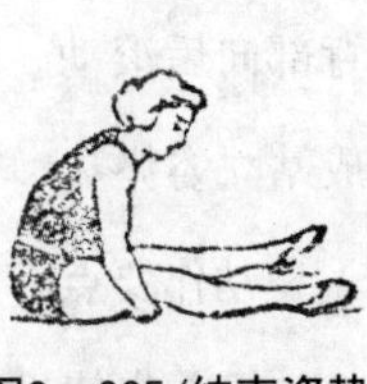

图3—225/结束姿势

动作要点：两手始终不放开腿，两腿保持分腿屈体姿势。在整个滚动过程中，要充分利用身体的惯性，特别在滚动将要结束时，速度不要减慢，同时两手用力拉腿，使上体前屈。

（2）滚翻

滚翻是学习各种翻转动作的准备练习。开始学习空翻之前，掌握滚翻动作是必要的。正确完成各种滚翻是完成空翻的最先决条件。滚翻有前滚翻、鱼跃前滚翻、倒立前滚翻、后滚翻、挺身单肩后滚翻等。

① 团身前滚翻

预备姿势：蹲撑（图3—226）。

动作过程：两手向前扶垫，接着将重心前移，然后两脚蹬地（图3—227），并用力弯曲两臂撑地，低头，用后脑、颈部、背臀部依次触垫（图3—228），然后两手抱膝经蹲立成站立姿势（图3—229）。

动作要点：

（a）两脚蹬地的同时，迅速用力屈臂撑地低头含胸；

（b）在滚翻时要充分利用身体向前的惯性，并保持团身。

图3—226/预备姿势

图3—227/两脚蹬地

图3—228/后脑、颈、背、臀部依次触垫

图3—229/结束姿势

② 团身后滚翻

预备姿势：蹲撑（图3—230）。

动作过程：臀部靠近脚跟坐下，身体后仰，使两膝靠近胸部，接着用弯曲成圆形的背部向后滚动。两手放在肩后撑地，当后脑触垫时，两手用力推垫，蹲撑（图3—231）成站立姿势。

动作要点：

（a）先使身体重心前移，头始终保持用力低头，两臂推地，加速身体向后滚动；

图3—230/预备姿势

图3—231/向后滚翻

（b）在滚动过程中，自始至终保持低头、收腹、屈膝，使身体成圆形。

③ 挺身经单肩后滚翻

预备姿势：直角坐（图3—232）。

动作过程：上体前屈，接着向后滚动。这时头部向左（右）侧屈，右（左）臂侧伸扶垫，左（右）臂成直角姿势撑垫，并将身体向上伸直，转入肩倒立部位，然后两手同时撑地，抬头，从胸部至大腿依次着垫（图3—233）成俯撑姿势（图3—234）。

动作要点：

（a）当两肩胛骨着垫后，应迅速地伸直身体两腿要向上伸出、偏头，留脚成身体后屈姿势；

（b）伸髋后保持身体的后屈姿势。

保护帮助：保护人应站在练习者用肩支撑一侧的侧后方，当挺身的同时，两手握脚腕，帮助其挺身和控制慢慢落下。

图3—232/预备姿势

图3—233/头部左倒，右肩支撑，右手侧伸扶垫

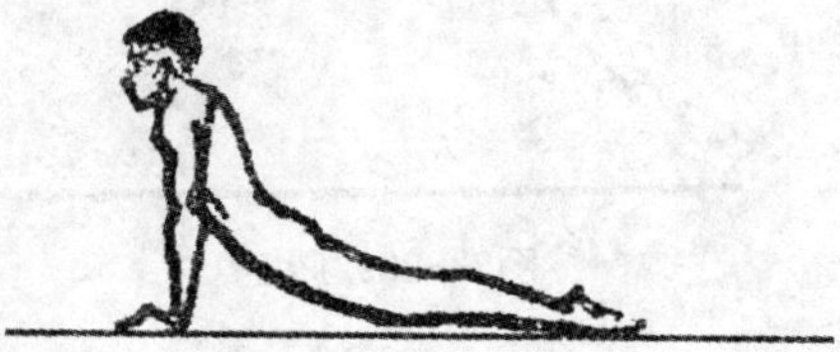
图3—234/结束姿势

（3）屈伸起

预备姿势：直角坐（图3—235）。

动作过程：上体后倒，同时直腿上举，两臂屈肘掌心向上放于头后，向后滚动成屈体肩胛骨支撑，并使臀部和肩胛骨成垂直（图3—236）。接着臀部向前上送出，同时伸展髋关节（图3—237），两手用力推地（图—238），经过瞬间的腾空过程（图3—239），翻起经缓冲站立（图3—240）成直腿站立，两臂上举的姿势。

动作要点：

（a）上体后倒同时举腿，必须充分翻臀；

（b）由屈体肩胛骨支撑到伸髋关节动作间不能有停顿；

（c）伸髋的同时应配合两手推地，使上体抬起；

（d）伸髋的方向是向上，并经前向下，使身体重心在空中走较高的弧线。

保护帮助：保护者用单膝跪于练习者体侧，用一手托臀，一手托肩，当练习者伸髋、两手推地时，给予助力。

图3—235/预备姿势

图3—236/后滚动成屈体肩胛骨支撑

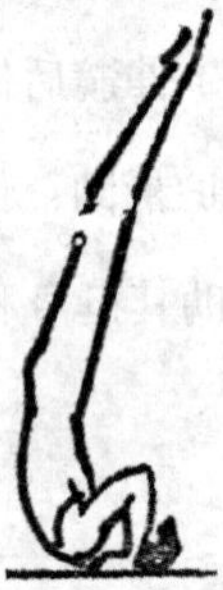
图3—237/伸展髋关节

图3—238/推手

图3—239/腾空

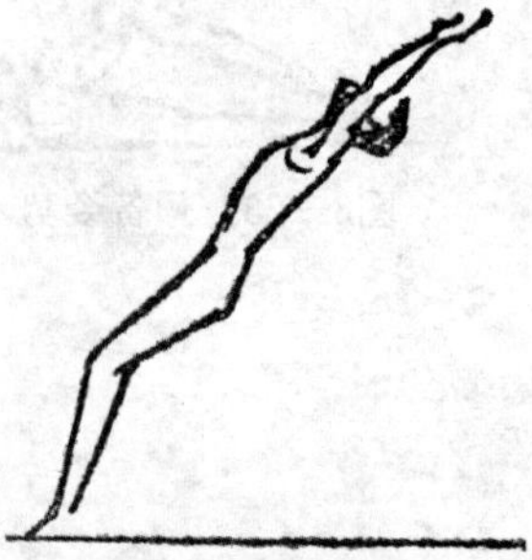
图3—240/落地缓冲

（4）肩肘倒立

预备姿势：直角坐（图3—241）。

动作过程：上体后倒，向上举腿，臀部、腰部、背部离开地面，接着用两手撑住腰部，用上臂和肘关节撑在地面上（图3—242）当肩部和后脑勺着地时，两腿向上伸出，并挺胸、腹，成肩肘倒立姿势2秒（图3—243），然后向前滚动起立。

动作要点：两手尽量往腰的上方撑，两肘夹紧，脚尖与腹部成一直线。

图3—241/预备姿势

图3—242/向后倒

图3—243/肩肘倒立

（5）跪跳起

预备姿势：跪立（图3—244）。

动作过程：臀部后坐，同时两臂后摆（图3—245），接着迅速向前上摆臂，同时伸髋，立腰，脚背和小腿用力压地（图3—246），身体向上腾起（图3—247）。接着收腹，提膝成半蹲（图3—248）姿势。

动作要点：

（a）两臂由后举向前上方挥摆速度要快，制动要及时；

（b）配合摆臂，脚背及小腿压地要干脆、有力，收腹、提膝要协调配合。

图3—244/预备姿势

图3—245/向后坐

图3—246/发力

图3—247/腾空

图3—248/落地缓冲

（6）俯撑单腿经侧向前摆越转体180度成仰撑

预备姿势：俯撑（图3—249）。

动作过程：右腿由身体右侧向前回旋一周（图3—250），同时向左转体180度（图3—251）成仰撑（图3—252）。

动作要点：

（a）单腿摆越时两手交替移动重心应有推离动作；

（b）转体180度成仰撑时应向上挺髋。

动作规格：回旋动作轻巧敏捷，腿直不擦地。

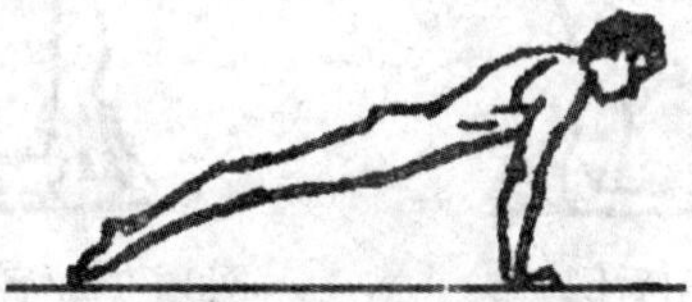

图3—249/预备姿势

图3—250/右腿由右侧向前回旋

图3—251/转体180°

图3—252/结束姿势

（7）仰卧撑单腿经侧向后摆越转体180度成俯撑

预备姿势：仰撑（图3—253）。

动作过程：左腿由身体左侧向后（图3—254）回旋（图3—255）一周，同时向左转体180度（图3—256）成俯撑（图3—257）。

动作要点：

（a）先转体后摆腿；

（b）成俯撑时含胸紧髋。

动作规格：回旋动作轻巧敏捷，腿直不擦地。

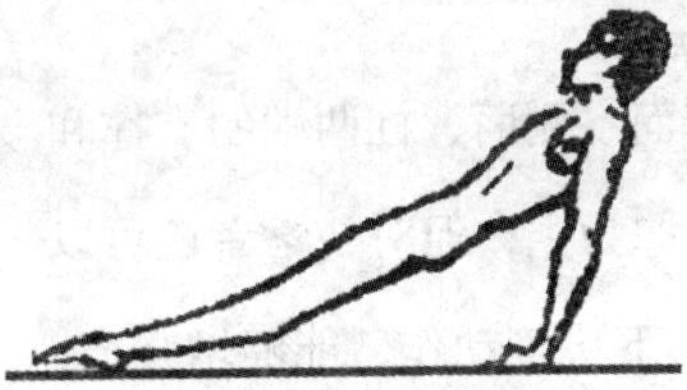

图3—253/预备姿势

图3—254/左腿由身体左侧向后

图3—255/回旋

图3—256/转体180°

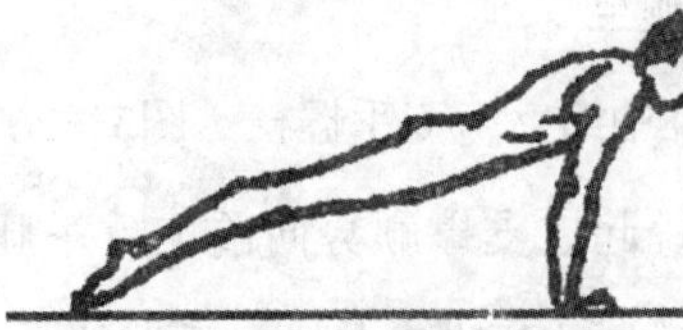

图3—257/结束姿势

（8）俯撑并腿经侧向前摆越成坐撑

预备姿势：俯撑（图3—258）。

动作过程：稍提臀，前脚掌蹬地（图3—259）摆起，两腿经右侧向前摆越（图3—260）成仰撑（图3—261）。

动作要点：

（a）单腿摆越时两手交替移动重心应有推离动作；

（b）转体180度成仰撑时应向上挺髋。

动作规格：两腿并拢绷直，绕摆幅度大。

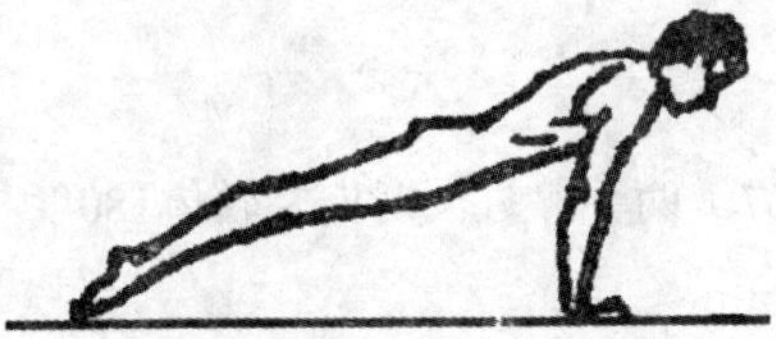

图3—258/预备姿势

图3—259/发力

图3—260/摆越

图3—261/结束姿势

二、双杠

双杠是大众所喜爱的器械体操项目。双杠练习可在正面、侧面、杠两端的支撑和悬垂及其变换中做各种动作。通常双杠动作是以两杠的侧撑为主，但对初学者还可以做各种混合支撑动作。在双杠上做各种支撑摆动、腾越、下法等动作，能够增强肩、臂力量，提高控制身体重心的能力。

1. 跳上成外侧坐

预备姿势：杠中站立，双手握杠（图3—262）。

动作过程：跳起成支撑顺势向前上方举腿（图3—263），向右摆越，然后左大腿坐杠，弯曲小腿向后下伸，右腿向后下伸直，使小腿与右腿在后下方平行（图3—264），左手撑左侧杠，右臂侧举，眼平视，身体挺直（图3—265）。

动作规格：向前上方高举腿同时腿伸直、绷脚尖；当侧坐在杠上的同时弯曲前腿，后腿伸直。

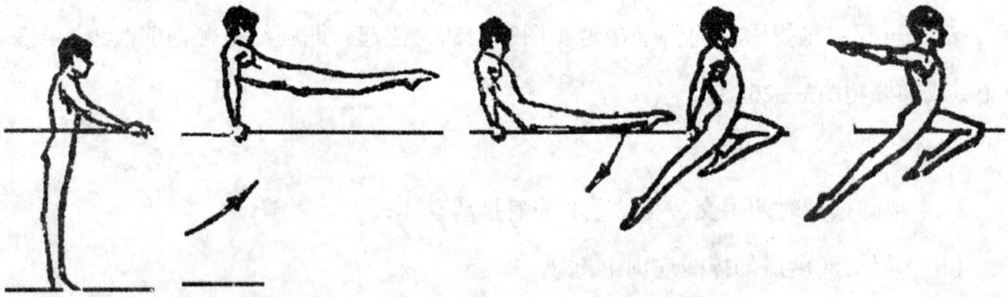

图3—262/预备姿势　图3—263/跳起举腿　图3—264/向右摆越　图3—265/结束姿势

2. 外侧做转体180度成分腿坐

预备姿势：外侧坐（图3—266）。

动作过程：左手撑杠，摆右腿（图3—267）两手撑杠同时向左转体180度（图3—268）成分腿坐（图3—269）。

图3—266/预备姿势　图3—267/左手撑杠摆右腿　图3—268/转体180°　图3—269/结束姿势

动作要领：转体前左腿伸直，转体时重心移至两手上，同时高举右腿转体。

3. 跳上成分腿坐前进成分腿坐

预备姿势：杠端站立，双手握杠（图3—270）。

动作过程：跳起成支撑，两腿顺势向前举起（图3—271），当超过杠面后迅速分腿，以大腿内侧坐杠成分腿坐（图3—272）。然后身体挺直，两腿骑杠（图3—273），上体前移，两手顺势于体前稍远处用力撑杠（图3—274），同时两腿伸直压杠后摆（图3—275）并腿进杠（图3—276），接着支撑前摆（图3—277）成分腿坐（图3—278）。

动作要领：两腿顺势向前高举腿同时腿伸直、绷脚尖。

保护帮助：保护者站于练习者腿前方，当其上体前移两手撑杠、两腿压杠后摆时，左手握其上臂，右手托送膝部，帮助后摆并腿进杠。在两腿前摆时，右手迅速向左臂靠拢，握练习者上臂。

图3—270/预备姿势

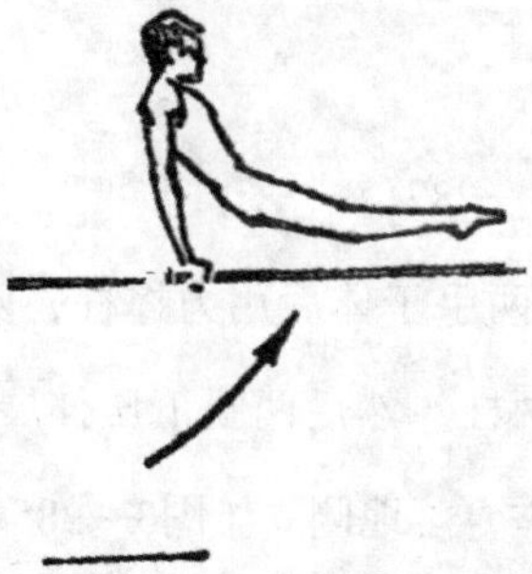
图3—271/跳起向前举腿

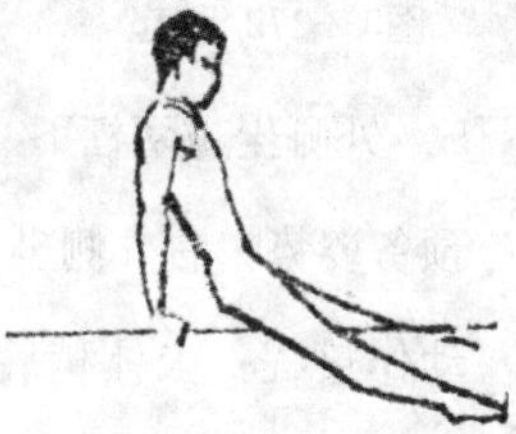
图3—272/分腿坐

图3—273/提升重心

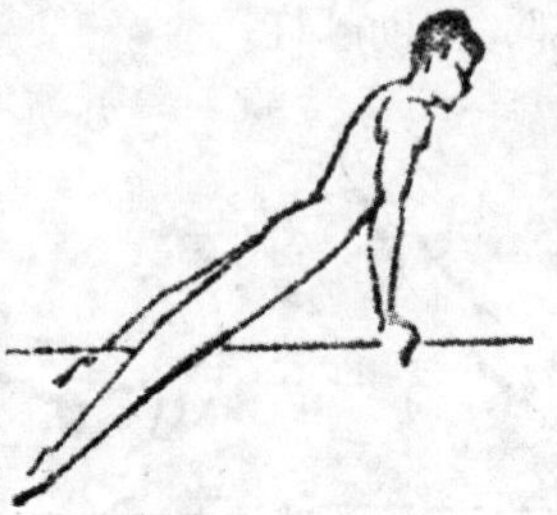
图3—274/撑杠

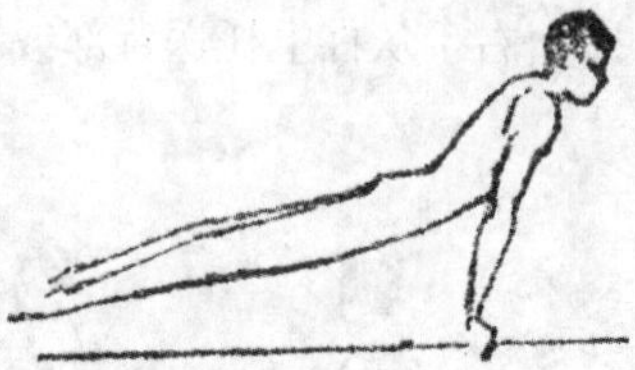
图3—275/压杠后摆

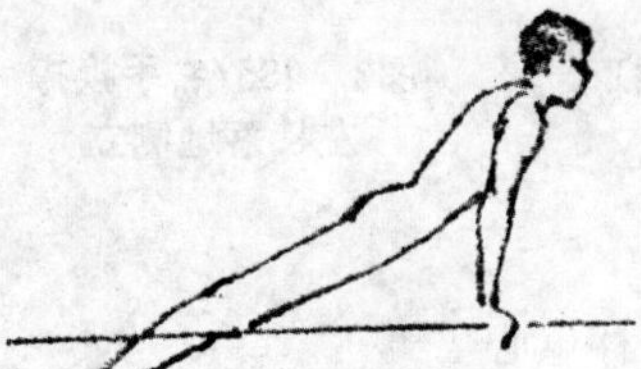
图3—276/并腿进杠

图3—277/支撑前摆

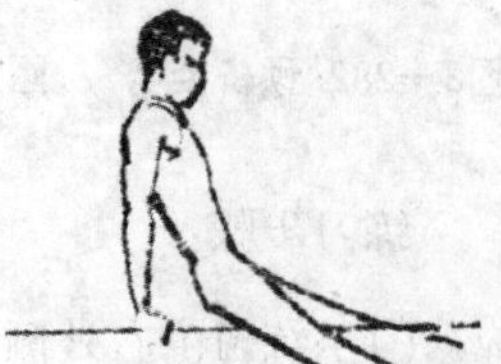
图3—278/结束姿势

4. 弹板跳上直角下

动作过程：两手撑杠从弹板上跳起（图3—279），两腿顺势并腿前举，越一杠直角挺身（图3—280），转体90度跳下（图3—281）。

动作要领：两腿顺势向前高举腿同时腿伸直、绷脚尖，越杠后再转体。

图3—279/跳起

图3—280/前摆越杠

图3—281/转体90° 下

5. 外侧坐越两杠下

预备姿势：右外侧坐（图3—282）。

动作过程：上体稍后移，两手于体后用力撑杠，两腿迅速并拢向左前方摆起（图3—283），身体重心左移越过两杠，然后两腿下压伸展髋关节，同时两手推杠（图3—284），右手换撑左杠，左臂侧举，落地侧立（图3—285）。

保护帮助：保护者站在练习者左侧方，当他做两腿向前侧上方摆起时，左手握其上臂，右手从杠上托送背部或臀部，帮助越杠。

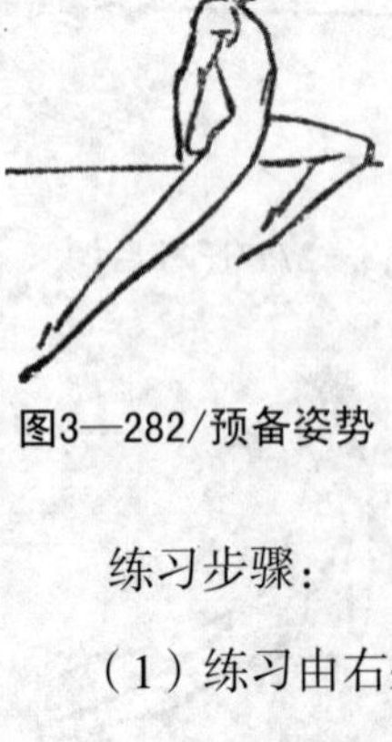

图3—282/预备姿势

图3—283/向左前方摆起

图3—284/越杠

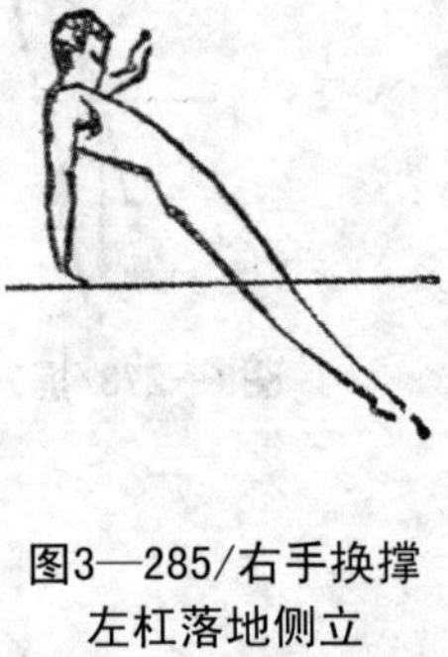

图3—285/右手换撑左杠落地侧立

练习步骤：

（1）练习由右外侧坐摆越至左外侧坐，体会腿的摆越和移重心。

（2）在帮助下完成。

（3）独立完成。

6. 分腿坐转体180度挺身下

预备姿势：分腿坐（图3—286）。

动作过程：左手换反握撑杠，右手推杠身体向左侧移，左腿压紧杠，右腿迅速向左前方摆起（图3—287），伸髋，同时摆越，接着左腿压弹杠，使身体离开杠转体180度并腿挺身下（图3—288）成侧立（图3—289）。

保护帮助：保护者站在练习者右侧后方，左手握其上臂，当其摆越转体时，右手从杠上顺势托髋的侧部。

图3—286/预备姿势

图3—287/左手支撑右腿摆起

图3—288/转体180° 挺身

图3—289/结束姿势

7. 支撑前摆直角下

预备姿势：支撑后摆开始（图3—290）。

动作过程：支撑前摆越过杠下垂直部位后（图3—291），迅速向上举腿稍偏左屈髋，同时身体向左移动（图3—292），当身体摆出杠外最高点时，两手用力推杠（图3—293），向下压腿展髋，右手换撑左杠，挺身落下（图3—294）。

保护帮助：保护者站在练习者左侧后方，左手握其左上臂，右手从杠上托送背或臀部，帮助出杠。

图3—290/支撑后摆

图3—291/支撑前摆

图3—292/迅速向上兜腿

图3—293/用力推杠

图3—294/挺身落下

8. 支撑后摆挺身下

预备姿势：支撑前摆开始（图3—295）。

动作过程：支撑后摆，身体后摆过杠下垂直部位后（图3—296），继续上摆，当两腿过杠面后，两臂顶肩推杠（图3—297），两腿顺势向后上方加速摆动，接着身体向左移动出杠外，同时右手迅速推开右杠并换握左杠（图3—298），左手推开左杠摆至侧上举，保持挺身姿势落地（图3—299）。

保护帮助：保护者站在练习者右前侧方，左手握其上臂，当他两腿后摆出杠面后，右手顺势托腹部。

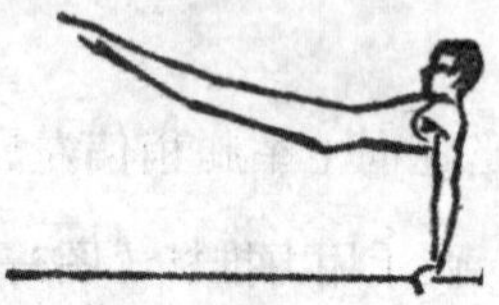

图3—295/支撑前摆

图3—296/支撑后摆

图3—297/顶肩

图3—298/推手换杠

图3—299/挺身下

三、单杠

单杠动作多样，主要包括摆动、上法、屈伸、回环、转体、腾越、换握、空翻下法等动作。经常从事单杠练习，能发展上肢、肩带、腹背肌肉的力量和柔韧性；能提高身体的协调性以及前庭分析器器官的机能。

（1）跳上成支撑

预备姿势：两臂握杠正立（图3—·300）。

动作过程：稍屈膝下蹲，接着向前上方跳起，两臂用力压杠，两臂伸直，以大腿上部靠杠（图3—301），上体稍前倾，挺胸，伸髋，“紧腰”两腿稍后举支撑（图3—302）。

保护帮助：保护者站在练习者后方，两手扶练习者腰部，帮助其跳上成支撑。

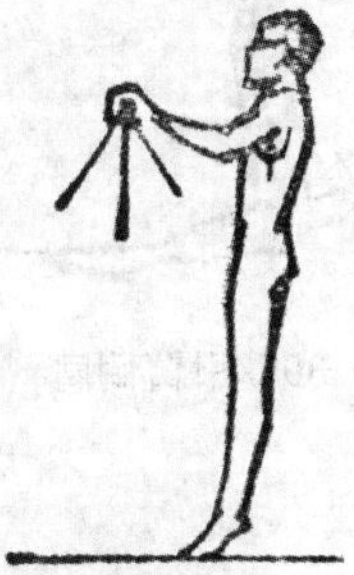
图3—300/预备姿势

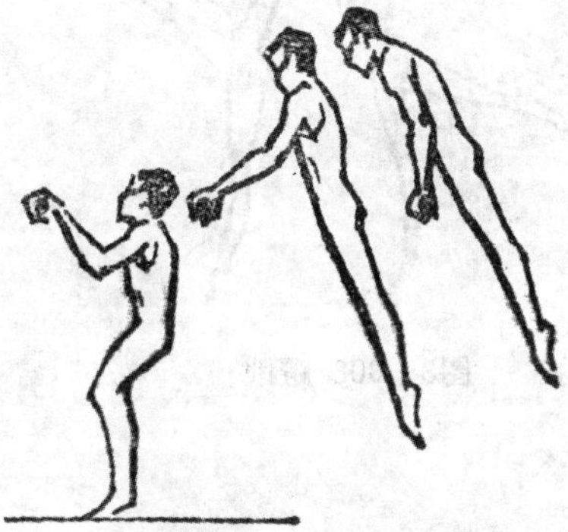
图3—301/跳上

图3—302/结束姿势

（2）背后正握跳起成屈体悬垂

预备姿势：背向低杠站立，上体前倾，两手从背后正握杠（图3—303）。

动作过程：两脚蹬地（图3—304），同时低头含胸，收腹提臀，沉肩。当臀部摆过杠下垂直部位后，两臂夹紧（图3—305），成屈体悬垂（图3—306）。

保护帮助：保护者站在练习者侧方，一只手托练习者的肩部，另一只手托其腹部，帮助蹬地提臀成屈体悬垂。

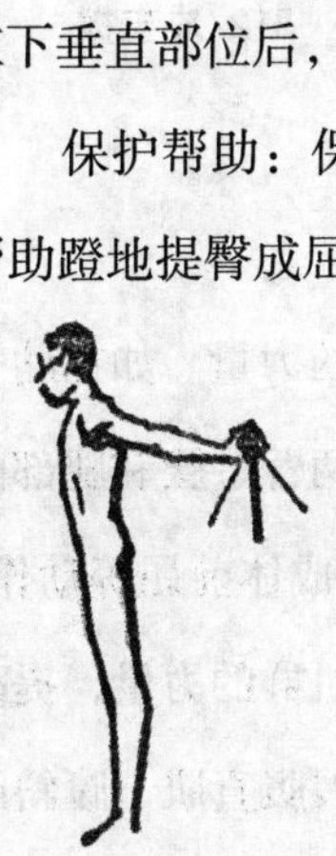
图3—303/预备姿势

图3—304/蹬地

图3—305/低头含胸

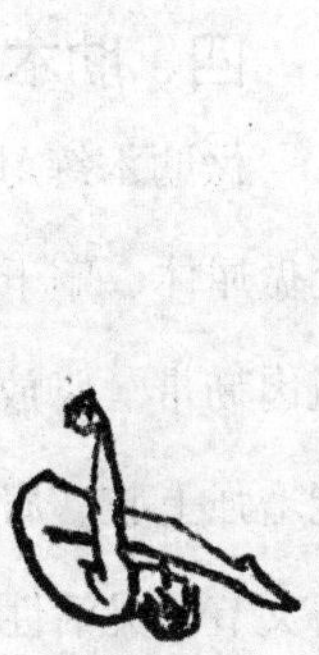
图3—306/屈体悬垂

（3）蹬地翻身上成支撑

预备姿势：面向单杠，两手屈臂握杠站立（图3—307）。

动作过程：一腿摆动，一腿蹬地（图3—308），同时屈臂用力引体，倒肩，使腹部靠杠（ 图3—309），迅速并腿（图3—310），当身体翻转两腿至杠后水平部位时，制动两腿（图3—311），抬头，挺身，翻腕，两臂伸直成支撑（图3—312）。

保护与帮助：保护者站在练习者侧前方，练习者蹬地后，一只手托他的肩部，另一只手托其臀部帮助翻上。

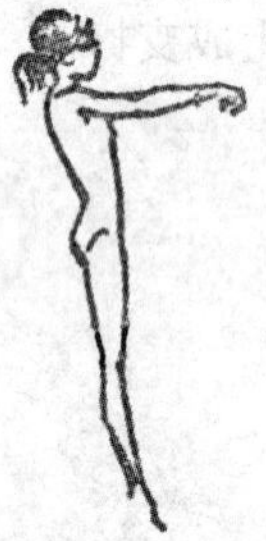

图3—307/预备姿势

图3—308/蹬地

图3—309/引臂倒肩

图3—310/并腿

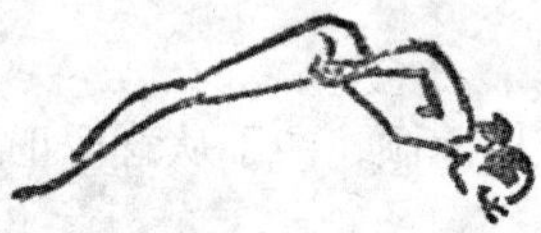

图3—311/制动腿

图3—312/成支撑

四、肋木

做肋木练习有助于改善关节的灵活性，拉长肌肉韧带及增强肌肉的力量。如在肋木上做屈体、躯干侧转等动作能增大脊柱活动范围，拉长胸部、肩带、两臂、腰和腿部的肌肉韧带。脚放在肋木上做俯卧撑，手握肋木做倒悬垂姿势，落下腿成体前屈等动作，能增强上肢、肩带肌群的力量。做上体后屈练习，能增强背部和胸部肌群的力量，提高肩关节的灵活性。在肋木上做悬垂姿势，接着做各种举腿动作，能发展腹直肌、腹斜肌力量。手扶肋木做单、双腿的各种跳起能发展腿部肌群力量。

（一）上肢肩带肌群力量的练习

（1）引体向上

预备姿势：面向肋木悬垂。

动作做法：做引体向上动作（图3—313），还原成悬垂。

（2）引体向上爬肋木

预备姿势：面向肋木悬垂。

动作做法：上体稍后仰，两手依次向上攀握（图3—314），脚不能踩肋木。

（3）俯卧撑

预备姿势：两手撑地，两脚脚面搭在肋木上（根据自身的能力可高可低），成俯撑姿势。

动作做法：保持身体的正直，屈臂，伸直臂（俯卧撑），还原成预备姿势（图3—315）。

（4）肋木俯撑——倒立

预备姿势：两手撑地，两脚脚面搭在比肩高的肋木上（图3—316）。

动作做法：向肋木方向爬，两脚往上搭，直至倒立（图3—317）。

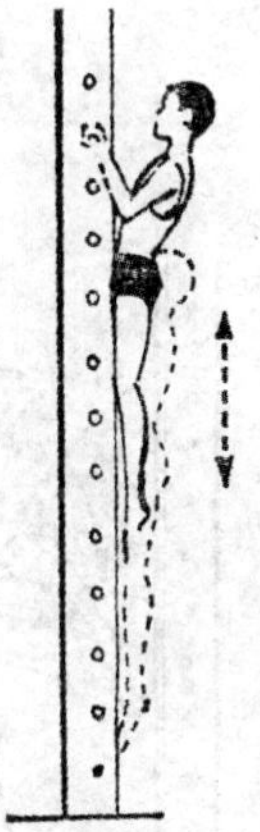

图3—313/引体向上

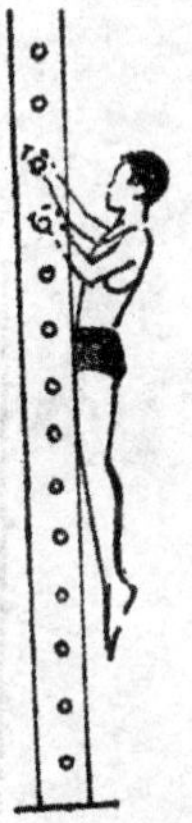

图3—314/引体向上爬肋木

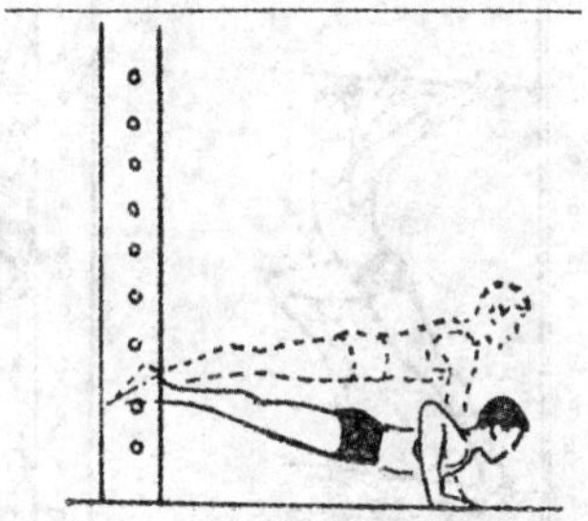

图3—315/俯卧撑

图3—316/预备姿势

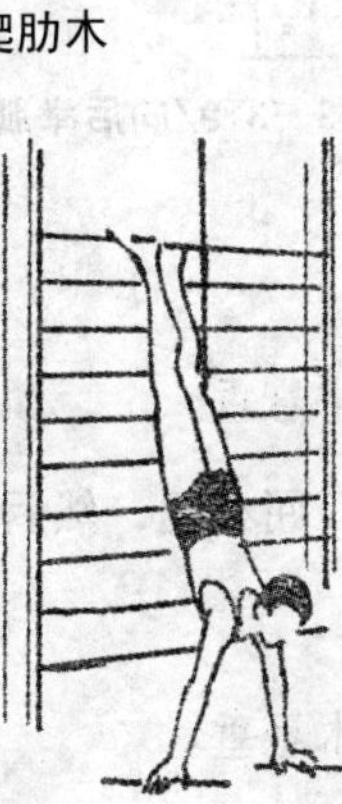

图3—317/倒立

（二）躯干肌群力量的练习

（1）肩胸伸展练习

预备姿势：两手反握肋木，挺胸，右脚蹬踏横木。

动作做法：左腿屈膝高抬，向前挺胸（图3—318），然后换退做。

（2）悬垂背肌练习一

预备姿势：面对肋木悬垂。

动作做法：大腿向后伸展动作（图3—319）

（3）悬垂背肌练习二

预备姿势：面对肋木悬垂。

动作做法：挺胸，大腿后伸屈小腿动作（图3—320）。

（4）下腰

预备姿势：背对肋木，两手正握肋木。

动作做法：两手向下挪动，成“桥”形（图3—321）。

图3—318/高抬腿

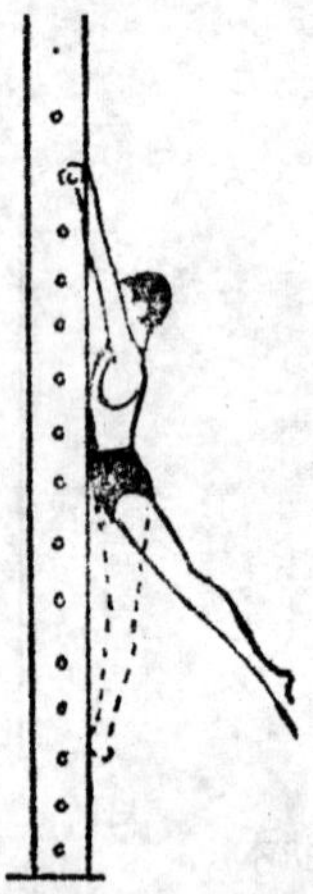

图3—319/向后举腿

图3—320/向后举腿屈小腿

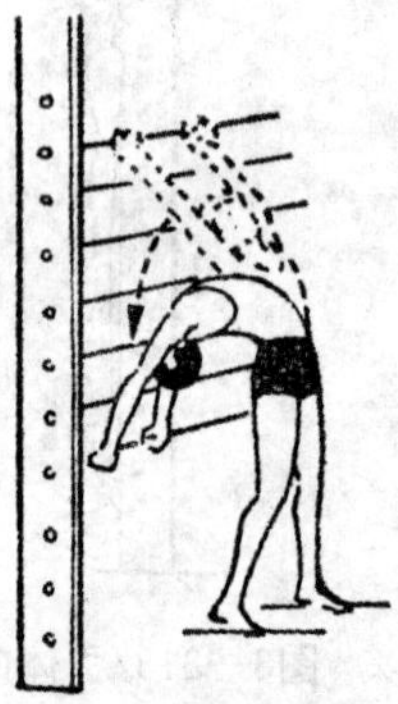

图3—321/下腰

（5）悬垂团身

预备姿势：背对肋木悬垂。

动作做法：抬大腿，屈小腿，然后放下，连续做（图3—322）。

（6）悬垂举腿

预备姿势：背对肋木悬垂。

动作做法：两腿上举碰手，然后落下，连续做（图3—323）。

（7）悬垂举腿绕环

预备姿势：背对肋木悬垂。

动作做法：两腿上举到高于90度处绕环至落下，然后反方向做（图3—324）。

（8）悬垂举腿90度处摆动

预备姿势：背对肋木悬垂。

动作做法：两腿上举至90度处停住，然后左右摆动2次后回到直角，落下（图3—325）。连续做。

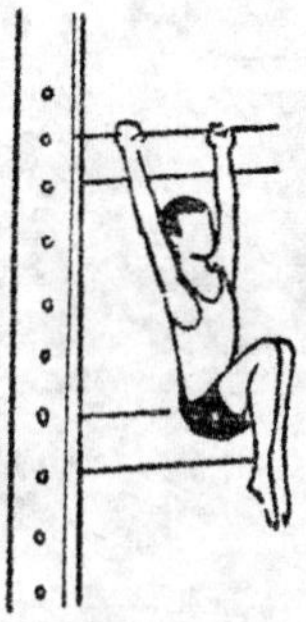

图3—322/悬垂吸腿

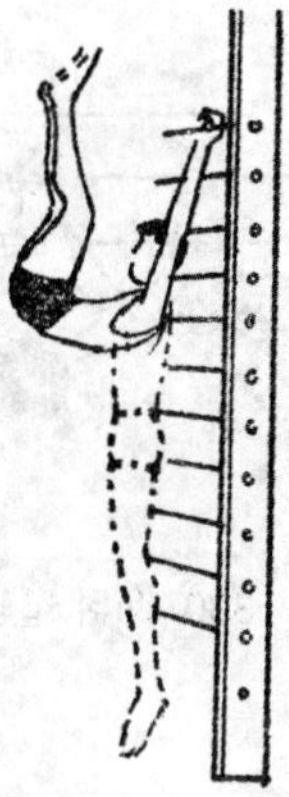

图3—323/悬垂举腿

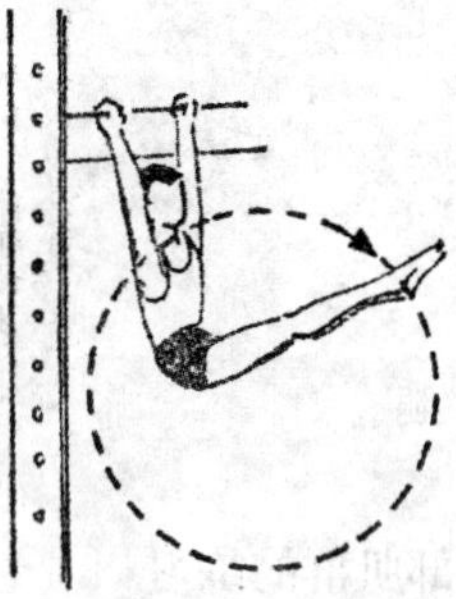

图3—324/悬垂举腿绕环

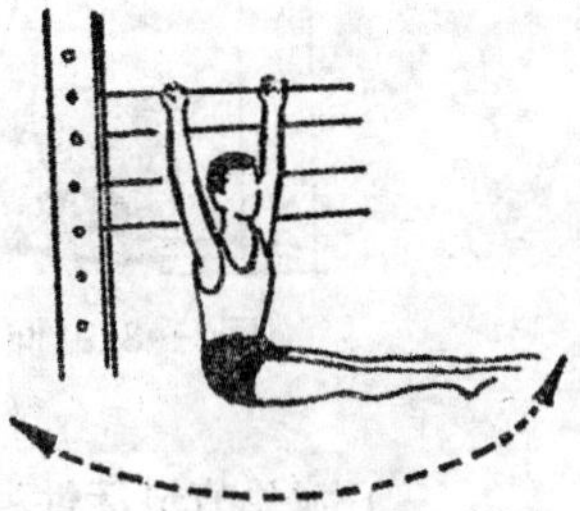

图3—325/悬垂举腿90°摆动

（9）悬垂举腿屈小腿

预备姿势：背对肋木悬垂。

动作做法：举腿90度停住，然后做小腿屈伸动作2次，落下（图3—326），连续做。

（10）悬垂举腿90度处分腿并腿

预备姿势：背对肋木悬垂。

动作做法：两腿上举至直角停住（图3—327），然后分腿（图3—328）并腿2次，落下，连续做。

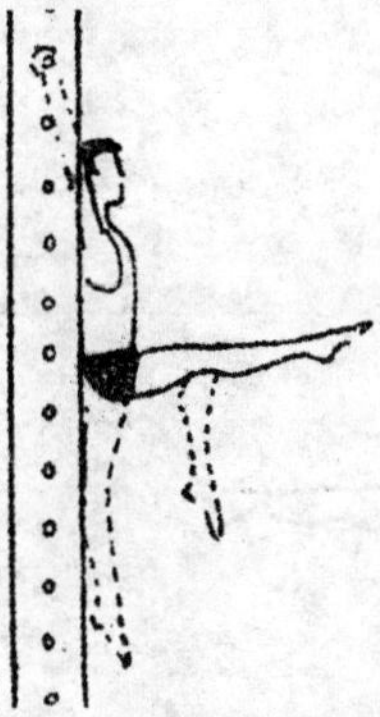

图3—326/悬垂吸腿伸小腿

图3—327/悬垂举腿停住

图3—328/分腿

（11）仰卧举腿

预备姿势：仰卧。

动作做法：两手握肋木，向上举腿成肩臂倒立（图3—329）连续做。

（12）仰卧起坐

预备姿势：仰卧，两手叉腰，两脚尖勾在横木上。

动作做法：仰卧起坐（图3—330），连续做。

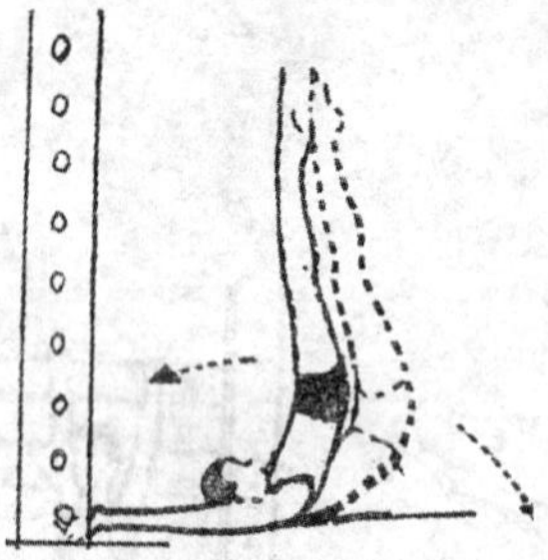

图3—329/仰卧举腿

图3—330/仰卧起坐

（三）髋关节灵活性和腿部肌群的练习

（1）蹬拉协调练习

预备姿势：面对肋木站立，双手握斜上方横木，左腿前抬蹬踏肋木，右腿蹬直脚尖触地。

动作做法：右腿蹬地，同时屈臂引体，成双脚站立于同一横木上，左腿后撤成开始姿势（图3—331），连续做。

（2）单腿蹲练习

预备姿势：背靠肋木站立，两手反握横木，右腿举起90度。

动作做法：左腿屈膝半蹲1～3次（图3—332），然后换腿，连续交替做。

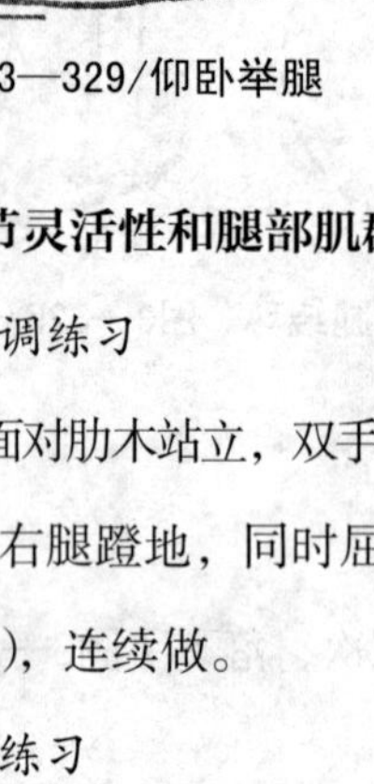

图3—331/蹬拉协调练习

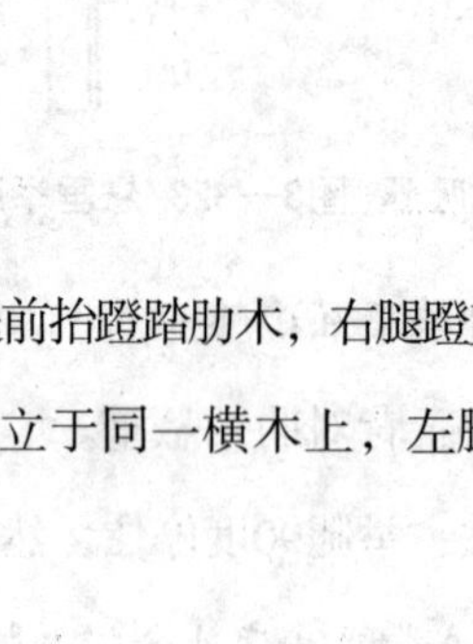

图3—332/单腿蹲

（3）抬腿练习

预备姿势：面对肋木站立，两手正握同肩高的横木。

动作做法：两腿交替向上高抬腿（图3—333）。

（4）落地缓冲练习

预备姿势：背靠肋木站立，两肘屈，两手反握横木站立于肋木较高处。

动作做法：向远处跳，落地时两腿半蹲缓冲，两臂前举（图3—334）。

（5）侧举腿单腿半蹲练习

预备姿势：面对肋木站立，两手握横木。

动作做法：左腿半蹲，同时右腿侧举至90度，脚尖绷直（图3—335），还原，交替练习。

（6）侧蹬上下肋木

预备姿势：侧对肋木，右腿支撑站立，左腿屈膝侧抬，左臂斜上举握横木，右手叉腰。

动作做法：蹬直左腿，同时右腿跟上，两腿并立于横木上（图3—336），还原，连续做。

（7）团身—屈体练习

预备姿势：面对肋木，两手握横木，两腿弯曲，两脚踏横木成团身姿势（图3—337）。

动作做法：同时伸直两腿、两臂（图3—338），还原，连续做。

图3—333/交替高抬腿

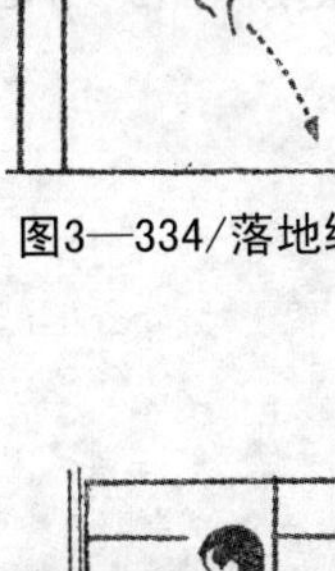

图3—334/落地缓冲

图3—335/侧举腿单腿半蹲

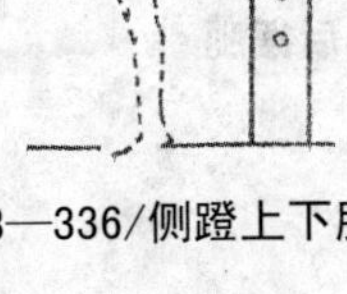

图3—336/侧蹬上下肋木

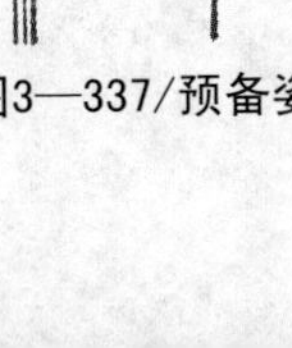

图3—337/预备姿势

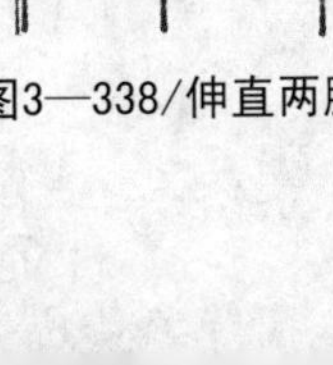

图3—338/伸直两腿

（8）压前腿练习

预备姿势：面对肋木站立，左脚放在斜上方的横木上，手扶膝。

动作做法：上体前倾，胸贴大腿（图3—339），还原，连续做。

（9）单腿体前屈练习

预备姿势：侧对肋木站立，两手叉腰，左腿抬起，脚尖勾住横木。

动作做法：右腿伸直，体前屈，双手触右脚面，上下晃动一个8拍（图3—340），还原，换腿练习。

图3—339/压前腿

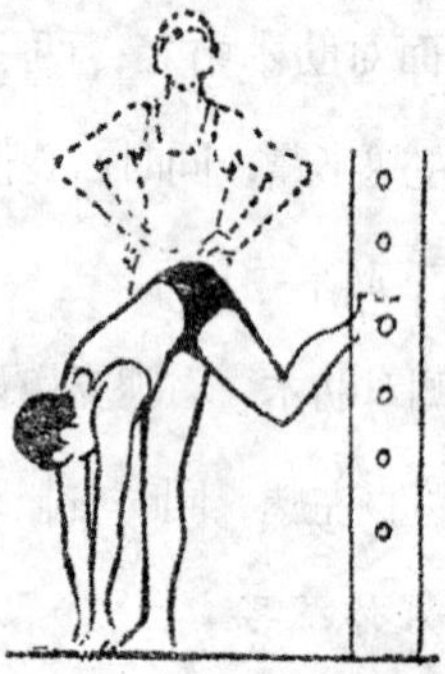

图3—340/单腿体前屈

（10）踢侧腿练习

预备姿势：面对肋木站立，两臂伸直，手握横木。

动作做法：左腿向侧摆，两腿交替进行练习（图3—341）

（11）踢后腿练习

预备姿势：面对肋木站立，两臂伸直手握横木。

动作做法：右腿站立，左腿前后摆动（图3—342），然后换另一腿练习。

图3—341/踢侧腿

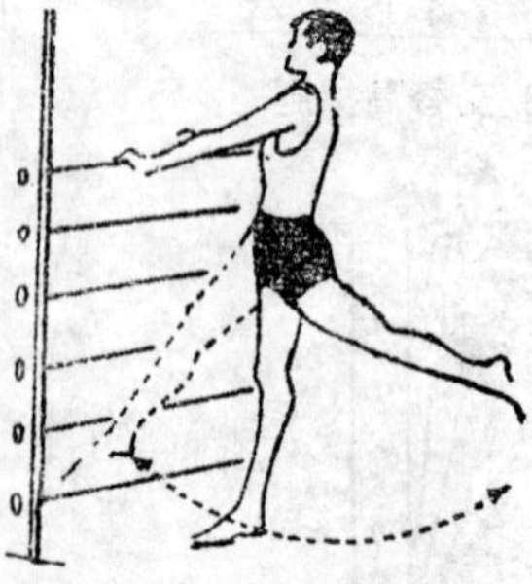

图3—342/前后摆腿

Chapter 4 第四章

短跑型形体训练法

要想通过短跑型形体训练法取得理想的健美形体效果，就应遵循短跑训练的规律，了解短跑运动的代谢特点，不断改进短跑的技术和坚持8~10年的系统锻炼，以及重视运动负荷和运动量的安排。

第一节 短跑型形体塑形原理

一、短跑运动的代谢特点

短跑运动是世界上最古老的一项运动。短跑一般是指100米、200米、400米距离的全速跑，反映人的速度素质。100米代谢特点是非乳酸能，200米、400米代谢特点是乳酸能。

不断提高短跑所需的各种专项能力，改进动作技术，使肌肉的用力更加趋于合理化，对促进肌肉的发达，进而改善练习者的形体可起到积极作用。因此，本文将重点介绍短跑项目的练习方法和专项素质的训练手段。

纵观国内外各短跑训练的记录，短跑运动员开始训练的年龄大都在11~12岁。因此，短跑形体塑造必须要经过8~10年的系统专项训练，才能达到希望的形体。

二、短跑项目专项素质训练名词解释

专项训练与一般身体训练的区别主要在于，参加工作的肌肉群必须是专项所需的肌肉群，动作的幅度与方向、肌肉用力的大小和时间、肌肉收缩的速度和肌肉工作状态都应与专项一致。也就是说，选用的练习必须与专项紧密联系。专项素质训练的内容如下。

（一）专项速度

（1）反应速度

反应速度，是指起跑时练习者听到发令信号后，经大脑迅速传导到肌肉及肌肉接信号后，迅速收缩反应，摆脱人体静止状态的速度。

（2）加速度

加速度，是指练习者摆脱静止状态后，在最短时间内达到最大速度的能力。

（3）最大速度

最大速度，是指在练习者具有了较大速度后，继续发挥和保持速度的能力。

（4）速度耐力

速度耐力，是指保持和最大限度减少速度下降的能力。

（二）专项力量

（1）速度力量

短跑练习者为了从静止状态转换成最大速度，必须发挥肌肉最大的收缩速度和力量，这种肌肉的收缩速度加力量的工作能力就是速度力量。

（2）爆发力

爆发力，是指练习者在短时间内克服较大外在阻力的快速用力能力。

（3）连续快速力量

连续快速力量，是指练习者在短时间内克服较小阻力的连续快速用力能力。

（4）快速力量耐力

快速力量耐力，是指练习者在运动中，较长时间保持快速用力的能力。

（5）专项耐力

专项能力，是指保持专项运动的能力。主要适用于400米项目。

第二节 短跑项目训练的方法与手段

一、发展专项速度和速度耐力训练的方法与手段

（1）专项练习——跑，主要采用重复训练法、循环训练法、变速训练法等专项跑发展速度和速度耐力，这是短跑练习者发展速度的主要方法。

（2）发展专项速度和专项耐力的辅助方法——局部或单个动作的练习。主要采用与专项紧密联系的负重练习、跳、跳跃等手段进行练习，其目的是发展单个动作或局部动作环节的速度和速度耐力。

二、发展专项速度力量的训练方法与手段

速度力量主要采用克服自身体重，或负小重量快跑、跳跃等手段来实现。主要方法有重复训练法、循环训练法、变速训练法等方法，主要手段有：

（1）各种发展加速度、最高速度跑的练习；

（2）负重或不负重的上坡跑；

（3）直膝跳；

（4）立定跳、多级跳；

（5）多级蛙跳；

（6）20米～30米计时单足跳；

（7）跳栏架练习；

（8）负重或不负重跳台的练习（次数：3～10个，高度：50厘米～100厘米）。练习中要求练习者必须用前脚掌做支撑点完成动作。

三、发展专项速度力量耐力的训练方法与手段

速度力量耐力主要采用克服自身体重，或负小重量持续跑、跳跃等手段来实现。主要方法有重复训练法、循环训练法、变速训练法等方法，主要手段有：

（1）各种发展加速度、最高速度跑的练习；

（2）负重或不负重的上坡跑；

（3）直膝跳；

（4）立定跳、多级跳；

（5）多级蛙跳；

（6）20米～30米计时单足跳。

（7）2000米～3000米前脚掌支撑慢跑。

前六种方法与速度力量是相同的，但在跑跳距离、重复次数和持续时间上应有所增加，练习强度要小于发展速度力量时的强度。

四、专项素质负荷强度和负荷量的运用

采用以上方法和手段发展专项素质，必须要与练习的强度和负荷量相联系。只有达到合理的练习强度和负荷量才能发展专项身体素质，提高专项技术和专项能力，进而达到预期目标。

练习强度和负荷量是通过练习强度、练习时间、间歇时间、组与组间歇时间、练习内容次数与组数、课总量和年总量等内容的总和实现的。下面介绍一组短跑专项速度、

专项速度耐力训练手段，供读者参考（根据以上介绍的运动负荷和运动强度的知识，来调节自身的练习时间、间歇时间等）。

（一）发展专项速度的负荷强度和负荷量的运用

表4—1 发展专项速度的负荷强度和负荷量的内容与安排

练习强度	练习时间	间歇时间	组与组间歇时间	练习内容次数与组数	课总量	年总量
80米以下的跑，强度96%~100%	6″ ~8″	3′ ~5′	6′ ~8′	30米~60米×8~10次或2组×4~5次	300米~400米	25千米~30千米
				60米~80米×5~8次或2组×2~4次	400米~800米	
80米以上的跑，强度90%~95%	9″ —40″	5′	10′ —20′	80米~250米×3~6次或300米×1~4次	300米~1200米	30千米~50千米

（二）发展专项速度耐力的负荷强度和负荷量的运用

表4—2 发展专项速度耐力的负荷强度和负荷量的内容与安排

练习强度	练习时间	间歇时间	组与组间歇时间	练习内容次数与组数	课总量	年总量
80米以上的跑，强度90%	不大于1′ 30″	3′ ~5′	10′ ~15′	300米~600米×3~5次	1000米~1500米	40~50千米
80米以上的跑，强度81%~90%	不大于1′ 40″	不长于1′ ~40″	5′ ~10′	300米~600米×4~6次或2组×2~3次	1200米~2400米	60~100千米

（三）发展专项速度力量的负荷强度和负荷量的运用

表4—3 发展专项速度力量的负荷强度和负荷量的内容与安排

练习强度	练习时间	间歇时间	组与组间歇时间	练习内容次数与组数	课总量
增加难度的跑或跳强度90%以上	6″～8″	3′～5′	6′～8′	上坡跑：60米～80米×3—5次 负重跑或跳30米～60米×10次或2组×4～5次	500米～800米
80米以内的跳跃强度90%以上	6″～8″	1′～5′	6′～8′	40米～60米跑×8～10次	500米

（四）发展专项速度力量耐力的负荷强度和负荷量的运用

表4—4 发展专项速度力量耐力的负荷强度和负荷量的内容与安排

练习强度	练习时间	间歇时间	组与组间歇时间	练习内容次数与组数	课总量
增加难度的跑或跳强度90%以上	15″～20″	3′	3′～6′	上坡跑：100米～150米×5次 负重跑或跳100米～150米×5次	500米～750米
80米以内的跳跃强度90%以上	不长于30″	2′～3′	3′～6′	100米～200米跑×8～10次	1000米—1600米

五、8～10年系统训练模式（案例）

8～10年系统训练，是指从少年到成人全过程的培养计划。这一计划，按照人体生长的自然规律和专项的特点可分为基础训练阶段（10岁～13岁）、开始专项训练阶段（14岁～16岁）、专项提高阶段（16岁～18岁）、运动水平提高阶段（19岁以上）四个阶段，并对各阶段提出了相应的训练任务。

表4—5 男子10岁～13岁基础训练阶段训练模式

训练主要任务	训练主要方法与手段	一次训练课的范例	主要身体素质发展水平
1. 全面身体训练 2. 掌握短跑主要技术和其他动作练习 3. 以各种形式发展其动作速率	1. 活动性游戏、球类活动。 2. 短距离跑 3. 跳跃 4. 投掷	1. 球类和活动性游戏30分钟 2. 反复跑5～7次×30米 3. 反复跑3～4次×80米 4. 各种跳跃练习20分钟 5. 各种投掷练习20分钟	速度： 1. 20米行进间跑频率4.5～4.8步/秒 2. 60米7.7～7.8秒完成 速度力量： 1. 立定跳远2.20米～2.35米 2. 立定三级跳7.4米～7.6米

表4—6 男子14岁～16岁开始专项训练阶段训练模式

训练主要任务	训练主要方法与手段	一次训练课的范例	主要身体素质发展水平
1. 全面身体训练 2. 掌握短跑主要技术和其它动作练习 3. 发展速度力量素质 4. 发展一般耐力	1. 游戏、球类活动 2. 反复跑、短距离跑 3. 循环练习、专门性训练练习 4. 变速跑 5. 轻负重的练习 6. 投掷	1. 起跑 60米，7.2～7.3秒 2. 反复跑 3～4次×60～80米 3. 反复跑 2～3次×150米 4. 专门性练习 6～8×80米 5. 负重铃（体重的50%）5～6组 6. 越野跑	速度： 60米，7.2～7.3秒 速度力量： 1. 立定跳远2.35米～2.5米 2. 立定三级跳8.0米～8.2米

表4—7　男子17岁～18岁专项提高阶段训练模式

训练主要任务	训练主要方法与手段	一次训练课的范例	主要身体素质发展水平
1. 发展专项身体素质（速度、速度力量素质） 2. 完善短跑技术	1. 短距离跑 2. 负重训练 3. 专门性训练 4. 跳跃 5. 投掷	1. 起跑3～10次×30米～40米 2. 反复跑3～4次×80米～100米 3. 反复跑2～3次×150米～200米 4. 专门性练习8～10次×80米 5. 负杠铃（体重的50%）6—8组	速度： 1. 60米6.8～6.9秒完成 速度力量： 1. 立定跳远2.90米～3.10米 2. 立定三级跳8.2米～8.4米

表4—8　男子19岁以上运动水平提高阶段训练模式

训练主要任务	训练主要方法与手段	一次训练课的范例	主要身体素质发展水平
1. 发展短跑运动员身体素质 2. 完善短跑技术	1. 短距离跑 2. 专门性训练 3. 负重练习 4. 跳跃	1. 起跑10～12次×30米～50米 2. 重复跑4～5次×80米～100米 3. 重复跑3～4次×100米～150米 4. 专门训练练习10～12次×80～100米	速度： 1. 60米6.6～6.7秒完成 速度力量： 1. 立定跳远3.10米～3.20米 2. 立定三级跳8.8米～9.0米

注：这里的“主要身体素质发展水平”是指优秀运动员的发展水平，练习者可以根据自身条件，降低身体素质发展水平。

“一次训练课的范例”中的练习次数和跑步距离只是一个案例。在实际健美形体训练中，每个人要根据自己的实际情况，遵循健美训练的原则，按照监控脉搏次数，控制运动强度，合理控制每次课的运动负荷和负荷强度。

Chapter 5 第五章

长跑型形体训练法

长跑，是指人在一定强度下持续跑3000米以上的距离。它反映人的耐力素质，其代谢特点是以有氧代谢为主，又称有氧耐力。

作为健康第一的健美形体训练法，长走也可替代长跑进行锻炼，但长走必须要达到每分钟步频120步，每分钟脉搏跳动120次，持续时间在20分钟以上，才能起到健美塑形的效果。

通过长跑型形体训练法，要取得理想的健美形体效果，应遵循长跑运动的规律，了解长跑或长走运动的代谢特点，重视运动强度的调整，坚持终身锻炼。

第一节 长跑或长走型形体塑形原理

通过改善心血管供血能力，增加肺活量和呼吸深度，调节神经系统的兴奋和抑制过程的交替活动，通过跑步姿势的“节省化”动作，最终达到长跑型形体的效果。

一、长跑训练对身体的作用

长跑的特点是运动强度小，持续时间长，能量消耗大。坚持长跑锻炼可增强和提高心血管、呼吸、神经等系统的功能。

坚持长跑锻炼对心血管系统的积极作用是：心肌肥厚，心腔增大，每搏输出量增加，心输出量增强，血管弹性增强，外周毛细血管增多，使运动时肌肉所需氧气和代谢产物及时地供给和排出。

坚持长跑锻炼对呼吸系统的积极作用是：增加呼吸深度和肺活量，提高呼吸肌力量和耐力。

坚持长跑锻炼对改善神经系统的调节功能有积极作用。长跑时，神经系统的兴奋与抑制过程长时间地交替活动，使对抗肌交互神经支配现象明显改善。外在表现为运动动作的“节省化”，跑步姿势轻松、省力。

二、长走对健康有诸多益处并可作为终身锻炼的项目

走是人们最基本的运动技能之一。一位国外运动医学专家通过对22个国家的3750位

医生的调查指出："绝大多数被调查者都赞成步行运动是最完美的运动"。有资料表明，在经常步行的人群中，很少发现有心脏缺陷或发生体重问题。据运动实践与调查研究证明，步行有以下优点。

（1）步行是一种全身运动，它不仅使腿和脚，而且使身体70%以上的肌肉得到运动，从而能使所有器官组织都能活跃起来。

（2）步行运动是一种缓慢的运动，它能使肌肉发达，可消耗多余的热量，能减肥，保持较低的体重。

（3）步行能增强骨骼的组织和心脏的力量，有利于防止动脉硬化，减少胆固醇。

（4）步行是解除忧虑、紧张情绪及精神压力的有效方法。

（5）可在步行中陶冶性情。

（6）步行不受场地条件限制，简便易行，易于开展，且最具效果，是一项终身受益的体育锻炼。

第二节 长跑训练的特点、手段与方法

长跑是每一个健康人都能从事的项目，这一项目从外表看似简单易行的，然而从开始进行长跑练习到外在"节省化"动作的出现，是一个长期和极其复杂的过程。当我们追求长跑型形体的时候，应了解长跑训练的特点及其训练手段和方法。

一、长跑训练的特点

（1）训练适应过程的长期性特点

长跑对心血管系统的要求很高，因此，长跑具有训练适应过程长的特点。所以，一名长跑练习者至少要经过8～10年，甚至是十几年的训练，才能使自己的身体适应现代长跑比赛的要求。

（2）训练结构的系统性特点

训练结构是一种包含时空因素及训练内容的复杂系统。从训练结构来看，对专项成绩的影响因素多达几百种。因此，系统性训练成为提高运动成绩和改善形体的重要

途径。

（3）承担负荷的超极限性特点

耐力是长跑项目必须具备的重要素质。耐力分为一般耐力和专项耐力，专项耐力是指练习者在整个跑程中，保持始终如一高速度的能力。因此，专项耐力训练可称为无氧训练。无氧阈是通过测定血乳酸的值来确定的，当运动员的血乳酸值在4摩尔/毫克左右时的跑速，可确定为无氧阈速度。在提高无氧阈速度的训练过程中，心血管系统的负荷达到了超负荷的特点，只有无氧阈速度的提高，才能说明节省化水平的提高。

二、长跑训练的手段与方法

（1）有氧耐力训练的手段与方法

有氧耐力是无氧耐力的基础，有氧耐力提高后，对长跑练习者氧气输送能力和氧气利用能力的提高有极大的促进作用。

有氧耐力主要是通过持续训练法和间歇训练法来提高，主要练习手段有持续匀速跑、越野跑、变速跑和法特莱克跑（指在跑的过程中，运动员进行一系列100米至2～3千米的加速跑，而且事先既不规定这些加速跑的速度，也不限制慢跑的时间，同时练习者还可以用跑和跳的专门练习代替加速跑）。

有氧耐力训练时的强度越接近无氧阈强度时效果越好，训练强度用心率来控制，是较为简便易行的方法，心率控制在145～170次/分。

采用持续均匀跑训练时，负荷量控制在20千米～25千米，或持续时间1.5～2小时。有氧耐力训练的适宜心率可用下列公式计算：

$M=M_{min}+(M_{max}—M_{min})\times 60—70\%$

M为适宜心率，M_{min}为安静时心率，M_{max}为最大心率。

采用持续训练法时负荷量一般在20千米以上，时间为1小时～1.5小时。

采用间歇训练法时，负荷工作时间一般不超过2分钟。间歇采用未完全恢复方式（积极性间歇方式即慢跑或走的方式），整个练习持续时间约30分钟以上。

（2）无氧耐力训练的手段与方法

长跑运动的无氧耐力属于乳酸无氧耐力类型，这类耐力一般采用重复训练法来发展，其练习强度控制在80%~90%以上，一次负荷时间在2分钟之内，一般练习距离选择在400米～600米，多数采用400米重复跑，练习可采用400米×3～4次×3～4组的形式。

间歇方式采用定时休息3′~4′ 或基本接近完全恢复方式两种。两种方式的选择视练习强度大小而定，强度略小，可用定时间歇方式，强度大并接近最大强度，可采用基本恢复方式。

（3）有氧—无氧耐力混合训练

有氧—无氧耐力混合训练兼顾了有氧耐力和无氧耐力训练的特点，训练手段主要采用重复跑、变速跑，采用的距离为1000米～2000米，重复次数3～4次，或采用800米～1000米的节奏跑。强度控制在每分钟心率160～180次。

三、多年系统训练划分（案例）

多年系统训练，是指在青少年练习者的系统训练中，必须在不同阶段选择合理的训练手段和方法，以保证他们的形态和身体全面发展，以适应逐渐加大的训练负荷量和负荷强度。

长跑项目多年系统训练可分为基础训练阶段（13～15岁）、初级专项训练阶段（16～18岁）、专项提高训练阶段（19～21岁）、高级专项训练阶段（22岁以上）。

（1）基础训练阶段（13～15岁）

① 主要任务：进行全面身体训练，学习长跑技术。

② 训练特点：全面发展各项身体素质训练占主要位置，特别是跑的能力和有氧耐力水平的提高是关键。

③ 训练手段与方法：采用均速跑或游戏法进行训练。

④ 全年总负荷量：全年跑量达到2000千米左右，其中，有氧耐力跑训练占96%以上。

（2）初级专项训练阶段（16～18岁）

① 主要任务：进一步提高全面身体训练水平。

② 训练特点：在进一步提高有氧耐力水平的基础上，提高无氧耐力和有氧—无氧混合耐力的水平，特别要注意提高保持无氧阈临界速度跑的能力。

③ 全年总负荷量：年跑量2500千米～3000千米，其中有氧—无氧混合跑量占13%左右。

（3）专项提高阶段（19～21岁）

① 主要任务：保持和提高有氧能力的同时，注重有氧—无氧混合能力的发展和提高，并适当发展机体的无氧能力

② 训练特点：训练负荷逐渐增大，使其能承受大运动量和大强度的训练。

③ 全年总负荷量：4500千米左右，其中有氧供能跑3539千米，混合供能跑552千米，无氧供能跑179千米。

（4）高级专项训练阶段

本阶段训练的突出特点是，因人而异安排训练，训练的目的性和专项性更强。

以上各阶段全年总负荷量，只是作为一个参考的数据，它是优秀练习者所能完成的负荷量和负荷强度。练习者在进行锻炼时必须遵循健美形体训练的原则，同时要熟练掌握本书介绍的训练强度测定的方法，按照健美训练的规律进行练习。

四、长跑运动注意事项

（一）重视呼吸、心率和自身感觉

基于长跑训练的特点，长跑训练的手段和方法与心血管指标评价相关联。因此，在进行长跑训练时，特别要注意随时观察自身的呼吸、心率和身体的感觉。

（二）不要盲目加大运动量和运动强度

笔者建议，健美形体训练法应以追求健美形体为主，不要盲目加大运动量和运动强度。只要能够循序渐进地进行系统训练，体形必将趋向于锻炼的目标。

Chapter 6 第六章

运动及运动后的合理膳食

进行训练后必须有合理的营养作为后盾，才能获得理想的健美形体。运动及运动后的营养需要与普通生活有共同点，又有其特殊性。

第一节 营养的基本概念

一、平衡膳食

膳食中含有人体必需的营养素，含量配比适当，摄入的营养物质可维持机体代谢的平衡。

二、营养素

平衡膳食中，具有保持运动中所需要的全部营养素，这些营养素可分为六大类，即糖、脂肪、蛋白质、维生素、矿物质和水，它们在人体中具有如下功能。

糖——主要作为能源。

脂肪——既可提供能量，又是大多数细胞的组成部分。

蛋白质——与组织的构成、生长发育有关，除此之外，还构成调节能量代谢的酶，以及特殊情况下可作为能源使用。

维生素——主要与酶一起调节机体代谢过程。

矿物质——除了构成体组织外，对代谢也有调节作用。

以上营养素，除了维持正常的代谢功能之外，有些营养素对运动中能力的生成有其特殊重要性。

三、供给维生素和无机盐的相应食物

（一）维生素的食物来源

表6—1 维生素的食物来源

维生素	食物来源
B_1	黑面包、粗粮、土豆、豆类、猪肉、蔬菜、花生、肝
B_2	牛奶、奶制品、肉、肝、蛋类、绿叶蔬菜

续表

维生素	食物来源
尼克酸	肉、家禽、肝、鱼、黑面包、粗制谷物、豆类、绿叶蔬菜、花生
泛酸	肝、肾、酵母、粗制谷物、蜂王浆、新鲜蔬菜、奶
B_6	肝、肾、酵母、粗制谷物、蜂王浆、新鲜蔬菜、奶、香蕉、花生、鸡蛋、肉
叶酸	肝、绿色蔬菜、酵母、肾、粗粮、土豆、水果
B_{12}	鱼、带壳水生动物、肉、家禽、肝、奶、蛋类
维生素（H）	肝、肾、蛋类、奶、鱼、花生
C	蔬菜、水果、土豆
A	肝、鱼、奶、蛋类、人造黄油、黄油
胡萝卜素	胡萝卜、深绿叶蔬菜、土豆、桔子
E	肝、蛋类、粗粮、菜籽油、人造黄油、黄油
D	鱼、肝、蛋类、奶、人造黄油
K	肝、绿叶蔬菜、奶酪、黄油

（二）无机盐的食物来源

表6—2 无机盐的食物来源

矿物质	食物来源
常量元素	
钙	奶制品、沙丁鱼、蛤、牡蛎、萝卜、芥末、花椰菜、豆
镁	花生、豆、完整谷物、大豆、巧克力、玉米、胡萝卜、海菜
磷	奶、肉、家禽、鱼、蛋类、花生、豆、谷类
微量元素	
锌	牡蛎、麦胚、牛肉、小牛肝、红色家禽肉、麦片
铜	动物内脏、带壳水生物、麦片、豆类、巧克力、花生
硒	谷物、肉、家禽、鱼、奶制品
铬	蘑菇、果脯、花生、芦笋、动物内脏、麦片
铁	动物内脏、蛤、干豆、花生瓜子、红色肉、深绿色蔬菜

第二节 热环境下运动后的合理膳食

一、人体在热环境下的代谢特点

人体在热环境下即使不运动热能代谢也会增加，尤其环境温度为29.4℃～37.8℃时，人体为了保持正常体温，加强了调节过程，如心率加快，出汗增加等。如果调节不足以充分保持体温平衡时，体温开始升高，热能消耗增加。环境温度增加1℃时，能量供给应增加0.5%。

高温下蛋白质需要量增加，因为运动中大量出汗，每100毫升汗液中含氮20毫克～70毫克，丢失的氮量相当可观，又因失水和体温升高引起蛋白质分解代谢增加。

除此以外，还引起水盐丢失。一次马拉松可丢失4千克体重，足球运动员一小时汗液可达2升～7升，占体重的10%，同时丢失氰化钠25克/天及其多种无机盐元素。

汗液中有水溶性维生素C和B族，由于热能的增加，维生素B1需要量增加，高温环境使人体对维生素A的需要量增加。

在高温环境下，不仅营养素需要量增加，而且由于高温时人体消化酶分泌减少，酸度下降，胃排空加速，使食物得不到充分消化，摄食中枢因高温受到抑制，口渴通过饮水中枢抑制食中枢。以上原因造成运动后食欲不振，更容易造成营养不良。

二、营养与饮食结构特点

为保证高温下训练的运动者的健康，可采取以下相应措施做好营养供给工作。

（一）运动中水和无机盐的补充

运动前30分钟补水300ml ～500ml可减少体温升高，延缓脱水发生，运动前5分钟补水0.8~IL，饮料温度为4℃～12℃为宜。这样，运动员在运动中会感到比较舒适，而且赛前补水，可减轻途中的脱水程度。

在长时间耐力运动中，每隔15分钟～20分钟补液100ml ～300ml，水温4℃～12℃较合适，但每小时补液总量不宜超过800ml，否则，会因吸收不了而出现恶心、呕吐现象。

运动后补液应遵循少量、多次的原则，如果饮水过多，易增加心、肾负担，并影响食欲。此时的补液应以糖、电解质溶液为主，可帮助血浆容量尽快恢复。如果只是补充凉开水，易引起尿量增加，反而延缓身体复水和体内电解质的平衡。要达到机体短时间内（<6小时）完全复水，通常需补充体液流失量1.5倍的液体。

（二）运动后的营养补充

进入高温训练的头几天，需要补充无机盐，以后机体会渐渐调节并适应，除用饮料补充电解质外，还可采用盐渍食品和含钾丰富的牛肉、鱼、水果和绿叶蔬菜等。

（三）维生素的补充

夏季，人体不易缺少维生素C，但易缺少维生素B族和A族，要注意杂粮和动物内脏的供给，必要时补充维生素制剂或维生素强化食品。

（四）进餐的注意事项

膳食中，注意进食不同汤类，如绿豆汤，油少、氨基酸含量高的肉汤，即补水、盐、氨基酸，进餐前先喝汤可促进食欲。

第三节 艺术体操、体操、短跑运动后的合理膳食

一、艺术体操、体操对体能消耗特点

在艺术体操、体操的运动过程中，神经活动较紧张，热能消耗不大，训练中既有有氧训练，又有无氧训练，这些项目要求肌肉爆发力强，快肌比例较大，肌肉发达，但肌肉总体积及横断面不宜过大，以免体重过重。

二、短距离跑体能消耗特点

短距离跑是以无氧代谢为主的运动，运动中供能以ATP—CP（三磷酸腺苷—磷酸肌酸）和糖酵解系统为主。运动强度大，热能消耗率高，但因氧载量大，运动中必须有较长的间歇，因此训练的总时间不长，热能消耗不高。

该项目要求肌肉爆发力强，快肌比例较大，肌肉发达，但肌肉总体积及横断面不宜过大，以免体重过重。

三、营养特点

适宜的热量、蛋白质、糖、低脂肪、高维生素、高矿物质。一般蛋白质、脂肪、糖的比例为：蛋白质15% ~18%、脂肪30% ~35%、糖50% ~55%。

练习中，以增长力量素质为主的时期应加大蛋白质供给量，为2.4克/千克 ~ 2.5克/千克。高强度无氧训练为主时期不宜过多食入蛋白质，以免酸性产物过多，对机体不利。

第四节 长跑运动后的合理膳食

一、长跑消耗特点

长跑属于有氧型代谢，长跑单位时间内消耗能量不大，但持续时间长，运动中无间歇。因此，运动的总热能消耗很大。长跑需要肌肉不间断地长时间运动，慢肌纤维比例较大，而慢肌纤维是以糖原和脂肪作为能源，随着有氧运动强度增加，慢肌纤维用糖原多于脂肪。

二、营养特点

高热量、高糖、适宜的蛋白质、低脂肪、高维生素及矿物质。例如，一名60公斤的耐力练习者跑步一小时的热量消耗为50千卡 ~ 100千卡，如果每日训练3 ~ 4小时，运动消耗热量可高达710千卡 ~ 5700千卡，通过合理膳食，维持热量平衡。

热量补充来源于蛋白质、脂肪、糖三种热源物质，一般蛋白质、脂肪、糖的比例为：蛋白质13% ~15%、脂肪25%、糖61% ~62%。

维生素在运动中虽不能作为能源，但它们在调节糖和脂肪，释放能量过程中是必不可少的。此外，它们还协调神经系统的功能，并保证能量补充系统的适宜状态。

长跑后，每天维生素供给量为$B_1$3.0毫克 ~ 5.0毫克、$B_2$2毫克、C100毫克 ~ 150毫克、A5000国际单位。

矿物质与能量代谢的关键酶有关，矿物质浓度的变动与疲劳、内环境稳定等因素有关。一般情况下，运动后与正常情况下无显著不同。

进行健美形体训练，只要将追求目标、训练原则、练习内容、负荷量、负荷强度及运动后合理膳食有机的结合在一起，通过长期不懈的努力，您必将获得满意的健美形体。

参考文献

[1] 邢文华等．奥运优秀运动员科学选材的研究．[M]．北京：北京体育大学出版社，2008

[2] 科学技术成果报告．[M]．北京：国家体委科教司，1984

[3] 张予南等．体操初级教程．[M]．北京：北京体育大学出版社，2011

[4] 全国体育教材委员会．艺术体操．[M]．北京：人民体育出版社，1989

[5] 袁作生等．现代田径运动科学训练法．[M]．北京：人民体育出版社，1997

[6] 北京体育科学学会．教练员训练指南．[M]．北京：人民体育出版社，1992

[7] 周兵等．田径健身教程．[M]．北京：高等教育出版社，2001

[8] 全国体育教材委员会．艺术体操．[M]．北京：人民体育出版社，1989

[9] 全国体育教材委员会．体育统计．[M]．北京：人民体育出版社，1991